日本人が知らなくてはならない

世界で暗闘する超グローバル企業36社の秘密

中田安彦
副島国家戦略研究所(SNSI)主任研究員

世界で暗闘する超グローバル企業36社の秘密　目次

序論　グローバル企業が世界を動かす

巨大企業が世界のグローバル化を推し進めている

日本でグローバル化ということが言われるようになって久しい。つい最近も国会議員も経験した某米国シンクタンクの日本人客員研究員が、「日本人はこれからは外に出て行かないと生き残れないから、若いうちに必ず海外に留学するべきだ」という若者の危機感をかきたてる本を書いている。確かに、日本では数年来の円高のせいで国内での製造業が大きな打撃を受けている。

一方で、中国やブラジル、東南アジアやインドの国々が急速に経済成長し中流階層《ミドル・クラス》の人口が増えてきたことから、グローバルな意味での賃金の平準化の流れが生まれている。世界の名目GDPのランキングを見ても、2000年に世界2位の日本は中国の4倍の強さを誇っていたものの、2005年には2倍に差を縮められ、2010年にはとうとう追いぬかれ、日本は世界3位の経済規模の国になってしまった。

2011年の東日本大震災が露呈した日本国内の統治機構《ガヴァナンス》の脆弱化や製造業のサプライチェーンの寸断の影響もあり、上昇志向を持つ若い層の間で急速に日本という国の将来に対する危機意識が生まれている。日本人はこれまで以上に積極的に世界に出て行かなければ生き残れないという論調が流行するのもうなづける。

「グローバル化」という現象が語られる場合、人、モノ、カネの移動が世界規模で行われることをいう。それは主にグローバル経済（世界規模での企業の経済活動）の活発化のことである。そのありようを知るには実際に現場で活躍する人の意見を聞くことが一番だろう。しかし、どんな人も世界経済の動きを自らの体験だけで知っているわけではない。体験が重要なのはもちろんだが、世界の大きな流れを俯瞰的につかむことも、また重要だ。

その時に役に立つのが、書籍であり、新聞メディアであり、企業やシンクタンクが公開している情報である。その流れの中で、日本では英国の経済情報紙『The Economist《ジ・エコノミスト》』（金融一族ロスチャイルド家が主要株主である雑誌）を熱心に読む若い層が増えているという。要するに、新興国経済を巻き込んだグローバル化について理解するには、その主役であるグローバル企業の大きなところの動向を大づかみに理解することが重要だ。そのために必要なのは、一般に公開されている情報を使って、それを自らの視点で並べ直して、世界経済のありようを理解することだ。

日本経済がバブル経済の勢いに乗ったときは、国民全体にそういう世界企業の動向に対する知識を求める声があった。世界財閥研究や世界のビッグビジネスについて書かれた、分厚い新書のたぐいは何冊も刊行されている。ところが、世界経済全体の中で、日本企業の存在感が低下している中、日本人全体が内向きになっているのか、世界企業の動向を探った本はほとんど見かけなくなった。まるで日本全体があの去年の大震災以降、「撤退戦」に入っているかのようである。

米国の雑誌『フォーブス』が刊行している、「グローバル２０００」という世界企業総合ランキングがある。この中で、常にこの10年、世界上位10位にランク入りしたトヨタ自動車が、２０１０年、ついに20位圏外に脱落した。

一方、中国では、08年の金融危機前後、欧米金融の歴史に関する本が飛ぶように売れた。アングロ・アメリカンやユダヤ人が中心になって作り上げてきた近代文明の歴史に参画するという自らの経済発展に対する期待感が、そういった情報に対する貪欲な欲求を生んだのかもしれない。

順位	社名	業種	国	時価総
25	トヨタ　Toyota Motor	自動車	日本	1479億ドル
26	サムスン電子 Samsung Electronics	家電・電子	韓国	1620億ドル
27	コノコフィリップス ConocoPhillips	石油・エネルギー	アメリカ	988億ドル
28	ボーダフォン　Vodafone	通信	イギリス	1312億ドル
29	エニ　ENI	石油・エネルギー	イタリア	976億ドル
30	イタウ・ウニバンコ Itau Unibanco Holding	金融	ブラジル	912億ドル
31	中国移動（チャイナ・モバイル）China Mobile	通信	中国・香港	2165億ドル
32	ＩＢＭ　IBM	ＩＴ	アメリカ	2387億ドル
33	ＡＴ＆Ｔ　AT&T	通信	アメリカ	1873億ドル
34	ファイザー　Pfizer	製薬	アメリカ	1654億ドル
35	プロクター・アンド・ギャンブル　Procter & Gamble	一般消費財	アメリカ	1852億ドル
36	三菱ＵＦＪ Mitsubishi UFJ Financial	金融	日本	745億ドル
37	ダイムラー Daimler	自動車	ドイツ	663億ドル
38	インテル American Intl Group	電子	アメリカ	503億ドル
39	ＩＮＧグループ ING Group	金融	オランダ	358億ドル
40	ネスレ　Nestle	食品・飲料	スイス	2054億ドル
41	スタトイル Statoil	石油・エネルギー	ノルウェー	890億ドル
42	マイクロソフト　Microsoft	ＩＴ	アメリカ	2735億ドル
43	バンコ・ブラデスコ Banco Bradesco	金融	ブラジル	653億ドル
44	フォード　Ford Motor	自動車	アメリカ	475億ドル
45	アクサ　AXA Group	保険・金融	フランス	406億ドル
46	ＮＴＴ Nippon Telegraph & Tel	通信	日本	608億ドル
47	コモンウェルス銀行 Commonwealth Bank	金融	オーストラリア	816億ドル
48	GDFスエズ GDF Suez	電気・ガス事業	フランス	583億ドル
49	BHPビリトン　BHP Billiton	鉱物資源	オーストラリア	1875億ドル
50	アリアンツAllianz	保険・金融	ドイツ	563億ドル

Forbes The World's Biggest Companies（2012年8月28日現在）

『フォーブス』企業ランキング

順位	社名	業種	国	時価総
1	エクソン・モービル Exxon Mobil	石油・エネルギー	アメリカ	4074億ドル
2	ＪＰモルガン・チェース JPMorgan Chase	金融	アメリカ	1701億ドル
3	ＧＥ General Electric	コングロマリット	アメリカ	2137億ドル
4	ロイヤル・ダッチ・シェル Royal Dutch Shell	石油・エネルギー	オランダ	2276億ドル
5	中国工商銀行ICBC	金融	中国	2374億ドル
6	ＨＳＢＣ　HSBC Holdings	金融	イギリス	1643億ドル
7	中国石油集団（ＣＮＰＣ） PetroChina	石油・エネルギー	中国	2947億ドル
8	バークシャー・ハサウェイ Berkshire Hathaway	金融	アメリカ	2022億ドル
9	ウェルズ・ファーゴ Wells Fargo	金融	アメリカ	1787億ドル
10	ペトロブラス Petrobras-Petroleo Brasil	石油・エネルギー	ブラジル	1800億ドル
11	ＢＰ　BP	石油・エネルギー	イギリス	1474億ドル
12	シェブロン Chevron	石油・エネルギー	アメリカ	2180億ドル
13	中国建設銀行 China Construction Bank	金融	中国	2019億ドル
14	シティー・グループ Citigroup	金融	アメリカ	1075億ドル
15	ガスプロム　Gazprom	エネルギー	ロシア	1598億ドル
16	ウォルマート Wal-Mart Stores	流通	アメリカ	2084億ドル
17	フォルクスワーゲン Volkswagen Group	自動車	ドイツ	795億ドル
18	トタル　Total	石油・エネルギー	フランス	1324億ドル
19	中国農業銀行 Agricultural Bank of China	金融	中国	1548億ドル
20	ＢＮＰパリバ　BNP Paribas	金融	フランス	615億ドル
21	中国銀行　Bank of China	金融	中国	1291億ドル
22	アップル　Apple	ＩＴ	アメリカ	5460億ドル
23	サンタンデール Banco Santander	金融	スペイン	756億ドル
24	中国石油化工（シノペック） China Petrochemical Corporation	石油・エネルギー	中国	1042億ドル

グローバル化を知ることはグローバル企業の歴史を知ること

本書では、グローバル化について知ることの多くは、世界で展開する多国籍企業＝グローバル企業の歴史を知ることであるという前提に立ち、グローバル化推進に積極的な人にも、懐疑的な人にも有益な情報を提供したい。先に述べた「フォーブス・グローバル2000」に登場する世界企業を中心に、特徴的な36社を選んで、企業名鑑として、その歴史や近年の活動、企業を取り巻く人脈について簡潔に解説するスタイルを取る。取り上げていない企業が重要ではないということではないが、特に欧米の経済紙の企業面でここ数年の間話題になった企業を中心に取り上げている。

詳しくは各社の気になる企業から眺めていっていただきたい。ここでは、グローバル企業の情報を得る際に重要な実際的なやり方について簡単に紹介したい。

先程も述べたように、グローバル企業について、日本の新聞でも企業展開について随時報道されているが、その歴史的な成り立ちを詳しく追った書籍はここ15年あまり出ていない。実は、株式投資を前提にしたような本であれば、海外にも多く出ているが、網羅的に名鑑的に企業の歴史を紹介する入手しやすい書籍はないのが実情である。インターネットが発達しても、得られる情報は無数にあるが、それはあくまで断片的なものだ。英語版のウィキペディアのようなオンライン百科事典も、玉石混交であり、自分で世界企業の歴史を詳しく知るのには向いていない。

　結局のところ、企業の動向を知りたければ一番はやいのは、企業のサイトにアクセスして、企業の成り立ちについて述べたという項目（「About us」という箇所である場合がほとんど）や、投資家向けの年次報告書の冒頭にある「ＣＥＯからの挨拶」の文章を読むことである。また、ブルームバーグが刊行している雑誌『Businessweek《ビジネスウィーク》』の企業プロファイルも役に立つ。筆者は、この手法を使って、世界経済のキーパーソンについて研究した本を数冊、すでに出している（新書では『世界を動かす人脈』２００７年、写真付きの人物解説書では『新興大国権力者図鑑』『ヨーロッパ超富豪権力者図鑑』『アメリカ権力者図鑑』２０１１年）。ファンド系企業の歴史は新書にくわしく書いた。

　なお、各企業のウェブサイトには、決算などの財務情報だけではなく、主要な製品や活動範囲の地図や、企業の経営陣の顔写真付きの経歴なども豊富に載っている。日本の企業と違って、経営陣や取締役会の国籍も様々である。近年はアメリカの企業の取締役会に欧州やアジアの財界人が参加している。これがグローバル企業の１つの大きな特徴だ。社外取締役制度という。

企業を動かす歴史と人脈

我が国でも企業統治（コーポレート・ガバナンス）の一環として、社外取締役の導入議論が始まっているが、20世紀初めに取締役会の導入を行った社外取締役制度の先進国である英米圏、ヨーロッパでは、この制度についてかなり専門的な研究が進んでいる。

社外取締役とは英語で non-executive directors《ノン・エグゼクティブ・ダイレクターズ》という。これは執行権を持つ社内取締役とは別の外部企業やＮＧＯの経営者、理事などが、公開・非公開企業の経営に大きな責任を持つ組織である取締役会（board《ボード》）に参加するからである。俗にボードメンバーと言われるのはそのためである。

ボードメンバーに社外の人間を参加させるのは、会社の「所有者」である株主たちの代理として経営陣が会社の経営を万全に行っているか監視させ、企業経営の助言、戦略策定に様々な外部の意見を取り入れるためである。俗に会社法でいう、善管注意義務（fiduciary duty）と利益相反（conflict of interest）の禁止が、社外取締役にも課せられている。

この社外取締役の企業統治への期待は、機関投資家が大株主として出現することに連動している。俗にいう「株主民主主義」といわれるものだ。しかし、言うは易《やす》しで、実際には理論上は会社の〝主権者〟である株主が、自由に取締役を指名したり、解任したりすることはできない。ホリエモンのようなアクティビストと言われる株主も出現し、経営陣に挑戦することはある。だが、06年の英「エコノミスト」によれば、アクティビストは不利な立場にある。１９９６年から２００４年までに、次期取締役の〝選挙〟で会社側が提示しない対抗馬を立てたのは1年でわずか12社だったというデータもある。〝選挙費用〟も会社側候補は会社経費で行えるが、対抗馬は自前である。

経営陣に対しては、創業家であっても対抗できない、ということすらある。例えば、石油メジャーエクソン・モービルの創業家であったロックフェラー家が同社経営陣に株主として、環境問題を意識した経営改革を訴えたことが数年前にあったが、その提案は否決されてしまった。

また、社外取締役に重要な財界人や有名人を据えることが、企業経営の安定につながっているかといえば、それは一概に言い難い。金融危機によって、破綻、あるいは破綻危機にあった、ベア・スターンズ、リーマン・ブラザーズ、ＡＩＧなどの株主向け「年次報告書」をみれば、社外取締役、あるいは上級顧問として、政府高官関係者やＩＢＭなどの一流企業の取締役の名前が出てくる。

例えば、リーマンの取締役だった、ヘンリー・カウフマンは、大恐慌研究で知られる著名エコノミストだったし、同じく上級顧問のフェリックス・ロハティンは、クリントン政権でフランス大使をしていた。しかし、リーマンは破綻した。破綻の原因はひとえに複雑な取引（金融バクチ）やデリヴァティブの失敗によるものであり、これらは一般企業の普通の経営者には理解できないしくみである。実際、メリルリンチのＣＥＯだった、スタンレー・オニールは、債務担保証券やＣＤＳについて理解していなかったと米紙『ニューヨーク・タイムズ』で報じられた。

それにもかかわらず、社外取締役制度は存在し続ける。アメリカで主流のＣＥＯと取締役会議長（略して会長）を兼任する企業統治には批判が高まっており、英国で増えてきた、2つの役割の分離につながるなどの微調整はあるだろうが、社外取締役制度には、「経営の監視」と同じくらいに重要な裏の機能があるのでなくならないのである。

インナー・サークルの光と影

それは何かというと、いわゆる「インナー・サークル」と呼ばれる社外取締役の兼任制度が作る財界ネットワークという機能である。会社の社外取締役の立場を使って表だってインサイダー取引のようなことをすることは禁じられているが、一般的な情報交換までは禁じられてはいない。取締役会を開く頻度は会社によってはまちまちだろうが、そのネットワークは次第に、1つのコミュニティとなり、広い意味での〝財界利益〟を代表するものとなる。このことを最初に指摘したのはマネジメント業界では有名なペンシルベニア大学ウォートン校のマイケル・ユシーム教授であり、『インナー・サークル』（84年刊）という名の著書もある。後に『株主資本主義』という本もユシーム教授は書いている。

そのネットワークの具体例としては、英国で首相に対して様々な提言を行うとされる「多国籍企業会長グループ」（HSBC元会長のジョン・ボンドらがメンバー）の存在が挙げられる。他にも様々な産業界のグループがあり、ダヴォス会議もそのネットワークの1つであると言いうる。また、最近では英紙「フィナンシャル・タイムズ」の運営で社外取締役のための会員制サイト（http://www.non-execs.com/）が設立されている。

日本では、社外取締役制度の定着は自らAIGの国際顧問を務めていたオリックスの宮内義彦会長（日本取締役協会会長）が旗振りになって制度の定着を図っているが、この社外取締役というのが注目されたテスト・ケースといえば、やはり10年前に誕生した新生銀行の社外取締役たちだろう。投資ファンドであるリップルウッドをメインとする投資家集団によって買収された旧長銀の生まれ変わりの取締役会に入ったのは、デイヴィッド・ロックフェラーをはじめとする欧米の支配階級の超エリートたち。欧米財界が日本の財界をグローバルな財界集団の一角に組み入れようとした瞬間だった。

しかし、今のところ、米英型のインナー・サークルは日本で万全に定着したとはいえない。無論、ルノー・日産のカルロス・ゴーンのような成功例もあるが、それどころか、ソニーのような失敗例もある。ソニーに対しては、中核であるテレビ事業の再建を掲げたが、いよいよ果たせなかった、ハワード・ストリンガー前CEOに対する批判がようやく高まってきた。

もともと、ストリンガーをCEOに選んだのは出井伸之元CEOであるが、ストリンガーや出井についてては、実は在任当時から批判が内部で強かった。それは、技術もわからない社外取締役を、映像産業畑のストリンガーが連れてきて、それに対して莫大な役員報酬を支払ったためである。グローバル企業の経営者は、結果が出せなくとも、運が良ければ、ゴールデンパラシュートと呼ばれる巨額の退職金をもらってトンズラすることが出来る仕組みになっている。

また、この企業間のインナー・サークルは、もっと露骨に元政府高官の天下りを受け入れる仕組みになっている。このことについても本文で事例を上げて説明したが、具体的な事例をひとつ上げる。

それは、元米国防長官のドナルド・ラムズフェルドと、インフルエンザ治療薬であるタミフルを製造したギリアド・リイエンシズという米製薬企業の関係である。米評論家のナオミ・クラインは、著書『ショック・ドクトリン』（邦訳は岩波書店）の中で、ラムズフェルドがこのギリアド社だけではなく、他の国際化学薬品会社GDサール社、ケロッグ、シアーズといった米企業、ガルフストリーム社（航空機）、スイスの電機メーカーで以前は原発企業だったＡＢＢ（アセア・ブラウン・ボヴェリ）の取締役会を渡り歩き、ギリアド社の社外取締役となった。タミフルは強力なインフルエンザ治療薬として知られているが一方で、服用した子どもの副作用なども指摘されている、色々と問題の多い薬であったが、これが特許登録されて各国に売りさばかれている。

グローバル化の光というべきものが、ｉＰｈｏｎｅなどの便利な携帯電話をより安価で入手できるようになったことだとすれば、影の部分は、これらの企業のインナー・サークルの限られた人々によるネットワークが世界経済の行方の方向性を否応がなく決めてしまうことだろう。新興国の台頭にしろ、ゴールドマン・サックスのジム・オニールというエコノミストが描いたＢＲＩＣｓ経済のシナリオにもとづいて当初は進んだのである。

さらに近年では中国やロシア、中東地域の国有企業の台頭も著しい。このような国有企業では、グローバル化と国家の外交政策がさらに密接に結びついており、トップ人事は政府の最高指導者の意向が、欧米企業以上に直接的に働く。これらの「国家資本主義《ステート・キャピタリズム》」の動きもしっかり理解する必要がある。

こういうグローバル化の影の部分は、グローバル企業の中にいる人がなかなか語りたがらない部分であるが、公開されている情報を分析すればある程度は見えてくるものである。

そのような光と影を具体的な企業の歴史を俯瞰することで発見していこうというのが本書の狙いである。

なお、本書の内容は雑誌『ＺＡＩＴＥＮ』において09年春から12年春まで3年間にわたって連載された、「グローバル企業名鑑」の内容が下になっている。随時、書籍化にあわせて最新情報を加筆しているが、基本的に内容は大きな変化がなければ連載当時のままです。

※本書を作成するにあたって使った資料は、各項目に特記した書籍資料、調査報告書のほかFinancial Times , The Economist ,Businessweek　などの洋雑誌・新聞のほか、International Directory of Company Histories　などの資料を随時参照した。

ゴールドマン・サックス

ゴールドマン・サックスほど、ウォール街の金融機関で人々から嫌われている存在はないだろう。米政権とのつながりの深さから「ガバメント・サックス」とまで呼ばれた巨大投資銀行は、単なる〝投機カジノ〟と化したウォール街を象徴する存在だ。新興国BRICsの成長シナリオまで自在に操ってきた、ゴールドマンを作り上げた知られざる銀行家たちの姿を簡潔に解き明かす。

【本社】 米ニューヨーク州、NY 200　ウェスト・ストリート（ゴードマン・サックス・タワー）
【設立年】 1869年
【従業員総数】 33,300（2011年）
【上場】 NY証取（NYSE: GS）
【経営陣】 ロイド・ブランクファイン（会長兼CEO）、ゲイリー・コーン（COO）、デイヴィッド・ヴィニアー（CFO）
【主要部門】 投資銀行、証券（セールス、トレーディング、プライム・ブローカレージ他）、商業銀行（融資・投資）、資産運用（GSAM、個人資産運用）、調査部門
【URL】 http://www.goldmansachs.com/

米政権と深くつながる巨大銀行

マンハッタンにあるゴールドマン・サックス（ＧＳ）の旧本部ビルの30階の壁面には、政府高官になったＧＳ幹部たちの油絵のポートレートが掲げられていた。米政府とＧＳの関係は深いが、最初からそうだったわけではない。

ＧＳの歴史は古く、１４０年前の１８６９年にまで遡ることができる。創業者は、ドイツ・ババリア地方の生まれのユダヤ人、**マーカス・ゴールドマン**。米国に渡り、ニューヨ

ークに移って開業した。やがて、**サミュエル・サックス**を迎え入れた。創業直後は同社はいわゆるCP（コマーシャル・ペーパー）を扱った。中小商工業者から短期手形を買い入れ、銀行などに転売して利益を上げた。大恐慌前のNYでは、ユダヤ系一族による金融業が一時代を築いており、彼らは自らを「**われらが仲間**《アワ・クラウド》」と呼んで団結して利益を守った。

そして、まだ弱小だったGSは、ユダヤ系のリーマン兄弟《ブラザーズ》商会と提携し、JPモルガンやクーン・ローブ商会に対抗した。同社が証券会社として知られるようになったのは、1906年に「シアーズ・ローバック（流通企業）」の株式公開（IPO）を引き受けた時。ロンドン・シティには、ロスチャイルドの代理人だったオーガスト・ベルモントを通じ、英クラインウォート社と提携することで進出した。

30年代に登場したのが、現在もGSとの関係を保つワインバーグ一族の1人である、**シドニー・ワインバーグ**である。シドニーの息子が**ジョン・L・ワインバーグ**（06年没）であり、その息子のジョンは今もGS副会長（投資銀行部門トップを兼務）である。ユダヤ系のシドニーは創業一族ではないが、まったくの無名から頭角を現した叩き上げだ。

シドニーは、戦時中は政府（「戦時生産委員会」）に出向し、戦後、56年には、フォード自動車の株式公開を実現させて、「ミスター・ウォール街」の異名をほしいままにした伝説の人物である。29年の大暴落で痛手を受け、倒産寸前まで行ったGSを本来の企業顧客向け業務に引き戻したことが高く評価されており、30社近くの企業取締役会を兼任した。

彼は、30年に「上級パートナー」に迎え入れられている。公開会社である現在と違い、99年までのGSは、最大で190人以上にまで膨らんだパートナーたちの出資によって運営されていた。この上級パートナーは、今で言えばCEOに相当する地位である。

シドニーの後を引き継いだのが、トレーディング部門の出身である、**ガス・レヴィー**。現在は当たり前になっている「ブロック・トレーディング」（大量の売りと買いを同時に行う技術）を考案した人物だ。NY州知事のネルソン・ロックフェラーとの関係が深かった。後に**ロバート・ルービン**が所属することになる裁定《アービトラージ》部門を作り出したのは、このレヴィーだ。この時期、70年にはNYのペン・セントラル鉄道が破綻、CPの発行主幹事であったGSはまたもや経営危機を迎える。レヴィーは、シドニーの息子のジョン（父）を起用し、投資銀行部門を強化した。ところが、76年に急死する。

GSはこのころからツートップ体制を取るようになる。次に登場する、「2人のジョン」（ジョン・L・ワインバーグと、ジョン・ホワイトヘッド）も、次の90年から94年のルービン、**スティーブン・フリードマン**の体制もそうだ。投資銀行にはその名のとおりの「投

ゴールドマン・サックス　年表

1869年	マーカス・ゴールドマンがニューヨークで約束手形の取引を開始
1882年	マーカス・ゴールドマンが事業に加わる
1896年	ゴールドマン・サックス商会がNY証取に上場
1906年	GSが初めて企業のIPOを手がける
1929年	GS子会社がウォール街大暴落で倒産
1956年	フォード自動車のIPOを手がける
1981年	商品取引会社のJ.アロンを買収
1999年	GSが株式上場し、ゴールドマン・サックス・インクに
2006年	ポールソンCEOが財務長官となり、現CEOのブランクファイン就任
2008年	リーマン・ショック後にバークシャー・ハサウェイが50億ドル出資
2009年	AIG救済に関連し他の大手銀とともに巨額の公的資金を得たことが批判される
2010年	米証券取引委員会がGSをサブプライムCDO販売に絡み民事提訴
2012年	GS社外取締役が起訴されたインサイダー情報漏洩事件で有罪判決

資銀行」と、「トレーディング」という2大部門がある。ルービンはトレーダー、フリードマンは投資銀行家である。

70年代にはリーマン・ブラザーズに、ニクソン政権の商務長官だった、ピーター・ピーターソンが加わるという大きな話題があったが、GSにも同政権の財務長官だった、ヘンリー・ファウラーが加わっている。78年にはヘンリー・キッシンジャー元国務長官がGSの国際関係顧問に就任している。そのような人脈が築かれていった結果、ルービン財務長官が誕生したわけだ。

世界金融危機を受け、銀行持ち株会社へ

そして、東京とロンドンに進出し国際化を

図った80年代末から、90年代にかけては、サッチャー政権の進めた民営化路線の波に乗り、国営企業のＩＰＯに関わっていく。しかし、債権ショックが発生した94年にはウォール街が低迷していた。

94年にトップに就いたのが、**ジョン・コーザイン**（前ニュージャージー州知事）である。コーザインはトレーダー出身だ。同時期の投資銀行部門出身のトップ候補が、あの**ヘンリー・ポールソン**前財務長官である。ところが、株式公開などをめぐり意見が対立した2人は、決裂する。結果、同社は、投資銀行家のポールソン、ジョン・ソーントン、トレーダー出身の**ジョン・セイン**（前メリル・リンチ会長兼ＣＥＯ、元ＮＹＳＥ会長）の「三頭体制」で運営されるようになる。ソーントンは中国とのかかわりが深く、この点で中国通のポールソンと共通点がある。

株式上場でポールソンは、上級パートナーから、会長兼ＣＥＯへと肩書きを変えるわけだが、02年には、**ロイド・ブフンクファイン**、ロバート・スティール（ワコビアに派遣された元財務省高官）らを副会長に昇格させている。現在のトップのブランクファインは、ＧＳが80年代に買収した、Ｊ・アロンという「実物・外国為替投資会社」の出身。

80年代に日本の住友銀行からＧＳが出資を受けたことに象徴されるように、ウォール街やロンドン・シティの老舗金融機関は、パートナーの流出や大量の退職によって資本が枯渇する危機に常に直面していた。そのため86年のモルガン・スタンレー、04年のラザール・フレールのように、株式を上場してパートナー制を廃止するようになる。結果、行内の生え抜きではないトップが出現するわけだ。ポールソン時代に、ＧＳは上場前の段階で、パートナー制に替わるマネジング・ダイレクター（ＭＤ、日本語でいえば「専務」に近い）制を導入している。

　現在の経営執行部はブランクファイン、ＣＦＯのデイヴィッド・ヴィニア、ＣＯＯのゲイリー・コーンを中心に、前出のジョン・Ｓ・ワインバーグ、そして、英国支社のゴールドマン・サックス・インターナショナルＣＥＯであるマイケル・シャーウッドらによって運営されている。ワインバーグやホワイトヘッドが育てた投資銀行部門よりも、むしろレヴィ、ルービン、ブランクファインらの所属したトレーディング部門による収益が大きい。03年段階でも総収益の7割以上を占める。

　資料によれば個人の現筆頭株主はブランクファイン。だが、現在はその発行株式の7割近くが機関投資家によって保有されている。08年の金融危機の結果、ＧＳはウォーレン・バフェットの50億ドルの出資を受け、ＦＲＢの監視を受ける銀行持ち株会社へと変貌した。

モルガン・スタンレー

巨大化する「ウォール街」は金融危機のたびに規制当局によって解体縮小される運命にある。今回の金融危機後も米当局は新しい金融規制法を成立させ、投資銀行の証券売買部門を分離するように定めた。モルガン・スタンレー（MS）もその影響を受ける。もともとMSは20世紀の大恐慌の折に巨大化した金融資本であるJPモルガン商会から別れて誕生。大胆なコストカットで一時代を築いたジョン・マック前会長の時代も終わり、いまのMSは強烈な個性を失っている。

【本社】米ニューヨーク州ニューヨーク市
【設立年】1935年、ニューヨーク州
【拠点数】42カ国（1300オフィス）
【従業員総数】61,388名（09年末）
【決算】12月末
【上場】NYSE（ティッカー：MS）
【経営陣】ジョン・J・マック会長（05年～）、ジェイムズ・P・ゴーマンCEO（10年～）
【主要部門】法人・機関投資家向け証券（IS）部門、モルガン・スタンレー・スミスバーニー（MSSB）部門、アセットマネジメント部門
【主要子会社】モルガン・スタンレー MUFG証券（日本）、MSアジア（香港）、MSインターナショナル（英国、ドバイ）、MSサウジアラビアなど
【備考】フォーブス2000（世界第111位、10年）
【URL】http://www.morganstanley.com/

世界大恐慌を契機に強制的に分割されて誕生

モルガン・スタンレー（以下ＭＳ）は、よく知られている通り、元々は19世紀から活躍していた金融王ジョン・ピアポント・モルガンが打ち立てた金融帝国に出発点を持つ。現在の形になったのは、１９２９年のウォール街大暴落に始まる世界恐慌でウォール街の金融機関への批判が高まったことが原因だ。

この時、世間の批判を一身に浴びたのは、Ｊ・Ｐ・モルガン・ジュニアが率いていた「モ

ルガン商会」であった。そのため、議会は俗に「グラス・スティーガル法」と呼ばれる「1933年銀行法」を制定。この結果、1つの金融機関が預金を扱う商業銀行と、株や債券の発行引き受けを同時に行うことが禁止された。その結果、モルガン商会は、銀行業務を行うJPモルガン（後にモルガン・ギャランティ・トラストに改名）、証券業務を行うMS、ロンドンのモルガン・グレンフェル（やがてドイツ銀行に買収される）へと再編された。

そのような経緯で1935年に誕生したMSの歴史で重要な転換点になるのは、創業の年35年、86年、97年、08年である。

MSの創業者は初代モルガンの孫にあたる、ヘンリー・モルガン（82年没）とハロルド・スタンレー（63年没）の2人。株式を上場せず、互いに出資金を出し合うソロモンやゴールドマンのような「パートナーシップ制」を取ってスタートする。スタンレーは、米WASP（ワスプ）エリート層を輩出してきた**名門イェール大学の有名学生クラブ「スカル&ボーンズ」のメンバー**であった。また、セイモア・パーカー・ギルバート（38年没）とその息子も歴史を語る上では重要だ。ギルバートは米財務次官として欧州問題を専門としたが、モルガン商会のパートナーでもあった。同社の設立メンバーでもある。今も存命の同名の息子（ギルバート・ジュニア）はMS会長を1984年から90年まで務めた。ヘンリー・モルガン亡き後の同社の中核メンバーとなる人物だ。スタンレー同様に、ギルバートもまた学生クラブであるボーンズの同窓生である。過去のウォール街は、有名大学の学閥がいま以上に幅を利かせていた。ヘンリーの息子のチャールズ・モルガンも加わった。

やがて、モルガン・スタンレーは常に資本不足に悩むパートナー制からの脱却を決意し、86年に株式上場を果たす。他のウォール街の証券会社にも言えることだが、クライアントを囲い込んでいく形の従来型の古風な証券業務を比重を置きながらも、1970年代になると、「セールス・トレーディング部門」の勃興が起きる。この部門からヘンリーの薫陶を受けていた、ディック・フィッシャー会長（在91～97年、04年没）や、前会長の「マック・ザ・ナイフ」の異名を持つ、**ジョン・マック**が台頭していった。「WASPエリート」の証券会社からハーバード・ビジネス・スクールの出身者を多数雇い、ユダヤ系にも採用の手を広げて成長していく。

外様パーセルと旧経営陣「8人組」の熾烈な抗争劇

そして、MSの歴史で業界内で今も語り草になっているのは、97年の**ディーン・ウィッ**

モルガン・スタンレー　年表	
1935年	ヘンリー・モルガンとハロルド・スタンレーが、ＪＰモルガン商会から分離してモルガン・スタンレーを設立
1975年	ＭＳインターナショナルをロンドンに設立
1986年	ＭＳがＮＹ証取に上場
1995年	ＭＳと中国建設銀行が、合弁企業ＣＩＣＣを中国で設立
1997年	ＭＳがディーン・ウィッターと合併
1929年	ＭＳがグーグル株式上場の共同主幹事となる
2005年	ジョン・マックが会長兼ＣＥＯに着任
2007年	中国投資有限責任公司がＭＳに５０億ドル出資
2008年	三菱東京ＵＦＪ証券と戦略的提携を発表
2010年	ジェイムズ・ゴーマンがＣＥＯとなる

ター・ディスカバー（ＤＷＤ）との合併に始まるＭＳ内での社内抗争である。

ＤＷＤは、イリノイ州を拠点にし、元はカタログ販売で有名なシアーズ・ローバックの一部になっていたリテール向け証券会社で、「ディスカバー・カード」（クレジット）を傘下に収めていた。ウォール街の銀行家たちの運動により、99年に「グラス・スティーガル法」が定めていた銀行と証券の垣根が取り払われることになり、それを先読みした金融機関はシティ・グループやＪＰモルガンチェースのように、次々に「コングロマリット化（巨大化）」する傾向にあった。

この時、合併したＤＷＤからＭＳに経営者として乗り込んできたのが、シカゴなど中西部人脈に強く、生粋のウォール街の人脈とは異なる背景を

※「主な競合企業」は、フォーブスの「グローバル2000」（The World's Biggest Companies）の分類に基づく世界順位。原則として上位5社を掲載。参考として競合する日本の最上位企業もあげた。
出典：http://www.forbes.com/sites/scottdecarlo/2012/04/18/the-worlds-biggest-companies/

持った、**フィリップ・パーセル**（05年辞任）だった。

このパーセルは、MSのカルチャーをことごとく無視し、顧問となっていた過去の経営陣を本社ビルとは別の「ジュラシック・パーク」と呼ばれる別のビルに隔離、取締役会もDWD系や自分の古巣のマッキンゼー社出身の人脈で埋めていく。果てにはバンク・オブ・アメリカやワコビアなどの別の商業銀行との合併まで模索し始めた。これに旧来のパートナー出身のギルバートらが反発し、法人株主などを巻き込み、株価や業績低下などを理由にした「パーセル包囲網」を築き上げていく。

04年フィッシャー前会長の死去を契機に、旧主流派たちは旧パートナーを中心に「8人組」を結成し、社内に働きかけを行った結果、パーセルは混乱の責任を負って辞任に追い込まれてしまう。

その後、ジョン・マックが会長兼CEOに復帰、07年から始まる金融危機を迎える。同年には中国のSWF「中国投資有限責任公司」が9・68％の株式を取得、MUFGの出資も受けた。

MSがパーセルを排除した理由として、MS社員たちは彼がワンマンであることを挙げた。そして、パーセルが、「リスクに寛容ではない」ことも理由に挙げている。皮肉なこ

主な競合企業（金融　Investment Services）

米：バークシャー・ハサウェイ（8位）、スイス：UBS（71位）、米：ゴールドマン・サックス（77位）、米：モルガン・スタンレー（100位）、スイス：クレディ・スイス（125位）（参）日本：野村ホールディングス（461位）

とに、パーセルと社内抗争に明け暮れていたことで、MSはサブプライム投資に出遅れた。サブプライム関連でMSは総額115億ドルの損失を計上したが、これはシティの3分の1程度だった。

国内外に影響力を発揮する人脈

パーセル追撃の「8人組」やそれに呼応した投資銀行家たちは、ニューヨークの社交界に人脈を持つ。

取締役会にいたローラ・タイソンはクリントン政権の高官で現政権にも影響力を持つ。また、フィッシャー会長を信奉していた8人組の1人、リチャード・デブズはエジプトのサダト大統領にも助言していた、元フルブライト奨学生で、現在は欧米エリートがIMFと世銀の発展のために作る、「ブレトン・ウッズ委員会」のメンバーである。

また、パーセルから「逆臣」として追放されたり、それに抗議して退社した中からは、次世代の金融界のリーダーが登場している。

シティの現会長兼CEOの**ヴィクラム・パンディット**や投資銀行「ペレラ・ワインバーグ」を設立した、**ジョゼフ・ペレラ**である。モルガン・スタンレーの関係者で、日本でも有名なのは、所属エコノミストだった、**スティーブン・ローチ**や、竹中平蔵氏の盟友であった、**ロバート・フェルドマン**がいる。

パーセルを追い出して、MSの経営陣となって金融危機の荒波に飲みこまれた、ジョン・マックは、10年にメリルリンチ出身で**スミスバーニー部門**を仕切ってきた、**ジェイムズ・ゴーマン**にCEOの座を譲った。やがて、会長職も退いたマックは現在は米投資ファンドKKRの上級顧問に収まっている。

モルガンといえば2012年には、SNS大手のフェイスブックの株式上場の主幹事を務めたが、上場後すぐに株価が下落した際には、その責任を問われ大きく非難されるなどのありがたくない話題がつきまとう。

変貌するウォール街の荒波を渡り切ることが出来るのか、ゴーマンCEOの手腕が問われていると言えそうだ。

参考文献：Blue Blood and Mutiny: The Fight for the Soul of Morgan Stanley by Patricia Beard

バンク・オブ・アメリカ

ウォール街を起点に全世界で広がりを見せた反銀行・反格差を旗印にした抗議行動が話題を呼んだ。当時、バンク・オブ・アメリカがデビットカード取引に毎月5ドルの手数料を取ると発表したことがその一因にあるとも言われた。イタリア系移民の手によって一代で築きあげられた米西海岸随一の銀行のモットーは「庶民の銀行」。90年代に始まる度重なる合併の嵐でその理念も吹き飛んでしまった。住宅ローン債券を巡る訴訟で身動きがとれないバンカメに明日はあるのか？

【本社】米ノースカロライナ州、シャーロット
【設立年】1874年（ネーションズバンク）、1904年（バンク・オブ・イタリー）
【拠点数】約40カ国
【従業員数】28万8000人（2010年）
【決算】12月末
【上場】NYSE：BAC
【経営陣】ブライアン・T・モイニハンCEO、チャールズ・ホリデー会長
【主要部門】預金部門、グローバル・カード部門、住宅ローン金融部門、GCB（商業銀行）部門、GBAM（投資銀行）部門、GWIM（資産運用）部門
【主要子会社】メリルリンチ（証券）、カントリーワイド（住宅ローン）
【URL】https://www.bankofamerica.com/

「庶民の銀行」から「グローバル・バンク」へ

現在のバンク・オブ・アメリカ（ＢＯＡ）は、創業者のイタリア系移民の**アマデオ・ジアニーニ**が創業した時とはまったく経営母体も別のものになっている。ジアニーニは労働者階級、特にサンフランシスコ北海岸に住む同胞のための銀行として１９０４年にバンク・オブ・イタリーを設立した。直後のサンフランシスコ大地震の時も翌日から市街復興のための融資を惜しまなかったことが話題となるが、同行は28年に「バンク・オブ・アメリカ・ロサンゼルス」を買収する。これが「バンク・オブ・アメリカ」の始まりである。

ジアニーニは当時はまだ珍しかった支店制度をいち早く導入するなど銀行業界に新風を巻き起こしたが、それはウォール街の老舗銀行とFRBなどの米規制当局との戦いでもあった。

ジアニーニは複数の持ち株会社を設立し複数の銀行を支配し、ニューヨークにも進出する。その中の1つが「**トランスアメリカ**」社だった。ウォール街から投資銀行家を迎え入れ、一度は経営の全権を譲り、自身は欧州に隠遁したが、この人物がジアニーニを騙してトランスアメリカ社を解体する事を目論んでいることを知るとすぐに反撃にかかる。ジアニーニはカリフォルニアの中小企業経営者からなる株主たちを味方につけ、この計画を失敗させた。

そして、大恐慌時代の36年、BOAは全米第4の銀行に浮上、45年には総資産でチェース・マンハッタンを抜く世界一の銀行となっていた。ところが、49年に創業者のジアニーニは亡くなってしまい、彼の息子で跡を継いだマリオも病弱であり、一族で生き残ったのは娘のクレアだけとなった。

新しく経営の舵取りを握ったのは、カール・ウェンティ、クラーク・ベイス、ルドルフ・ピーターソンの3人であり、彼らが60年代の最後まで相次いで経営を行ってきた。この間、持ち株会社のトランスアメリカ社は米政府により反トラスト法違反により告発され、同社は保険業に専念することとなり、保有するＢＯＡ株や他の銀行株を放出させられた。

この結果、ＢＯＡは、１９６０年に持ち株会社「**バンカメリカ**」を設立することになる。その後のＢＯＡ（バンカメリカ）は、それまでの庶民に向けた小口金融を支えたカリフォルニア州の支店網を維持させつつ多角化を図るようになった。また、58年、ＢＯＡはクレジットカード（**バンカメリカード**）を発売したことは他の銀行を驚かせた。やがてバンカメリカードは**ビザカード**となり、それに対抗する勢力としてマスターチャージ（マスターカード）が生まれた。

69年にはサンフランシスコの金融街に52階建てのビルを建設したが、それは同時に官僚化への道でもあった。１９７０年にもなると、経営陣は他の大銀行と競争して企業金融にのめり込むようになり、これがクレア・ジアニーニを失望させた。

ピーターソンの次にCEOとなったのは、法人金融部門にいた弁護士出身の46歳の**トム・クローセン**だった、彼のもとでＢＯＡは第三諸国への国際融資を拡大し、従来の小口金融部門から「グローバルバンキング」部門がＢＯＡの花形となった。そして、クローセンが世界銀行総裁に転出した際に、後継者に任命されたのはやはり欧州部門出身でロンドン駐

バンク・オブ・アメリカのブライアン・モイニハンCEO（53歳）
写真：ロイター/アフロ

在が長かった、**サミュエル・アマコスト**であった。（アマコストの兄であるマイケルは国務省官僚でやがて駐日大使となる人物である）アマコストは、格安手数料で頭角を表していた**チャールズ・シュワブ証券**を買収したほか、83年に西海岸ワシントン州の倒産寸前の銀行シーファーストを買収した。

拡大の一方で後手に回ったのは、不動産、海運、鉱業、南米に対する貸し付けが不良債権化することへの対応だった。アマコストは楽観主義者だったが、景気を読む判断力に欠けていた。84年にはBOAは消費者のために新ローン商品と称して、借り手の署名以外に何の保証も求めないまるでサブプライムローンのような貸し付けを行ったりして、結果として何百万ドルもの貸し倒れを発生させた。経営陣が融資に対する貸し倒れ引当金を意図的に低く積むことで収益を報告していたことも判明し、規制当局からの目も厳しくなった。

米国内の景気の悪化もあり多くの銀行が経営難で倒産する中、アマコスト時代の収益減、資本不足といった惨状を見かねて、1985年、長年取締役会にとどまってきた創業者一族のクレア・ジアニーニはとうとう経営陣との絆を断ち切った。

その後、取締役会ではアマコストに対する批判が強まり、世銀総裁を務めたロバート・マクナマラ元国防長官を中心に規制当局やFRBと連携して、アマコスト追放の動きが始まっていく。経営の混迷に業を煮やしたチャールズ・シュワブの取締役辞任と、相次ぐ巨額損失によって、バンカメリカ倒産の危機が世界中に広まるに至ると取締役会はアマコスト罷免に動いた。ところが、後任として迎え入れられたのは、アマコストのかつての上司であり、経営難の種をまいたとされたクローセン前CEOだった。87年の株価大暴落によって一時はBOAの株価は8ドルまで下落していた。

90年代から巨大合併を推進

クローセン時代に終わりを告げたのは、ユダヤ系の**リチャード・ローゼンバーグ**が登場した90年のことだった。元々はＢＯＡが買収したシーファーストのＣＯＯだった人物で、クローセンによってリテール部門の責任者に抜擢されていた。90年代に大恐慌時代に制定された州をまたいだ銀行の合併を禁止する法律が撤廃されたこともあり、大銀行を主役として全米で銀行合併ブームが沸き起こり、ＢＯＡもこの波に乗ろうとした。

しかし、最終的にはＢＯＡは、98年に米東海岸ノースカロライナ州を拠点にする別の大銀行に乗っ取られてしまう。その大銀行とは「**ネイションズバンク**」であり、この銀行そのものが米東部、南部の銀行合併により誕生した存在だった。その母体となったノースカロライナ・ナショナル・バンク（ＮＣＮＢ）の経営者がヒュー・マッコールという人物で、ローゼンバーグの次のＢＯＡのデイヴィッド・コールターＣＥＯとの間で合併協議を取りまとめた。吸収合併の98年当時、ＢＯＡはロシア金融危機で損失を出したヘッジファンドへの融資焦げ付きで経営難に陥っていたことが災いした。こうして**合併した銀行はＢＯＡ（バンクオブアメリカ）は名乗りはすれど、その実態はＮＣＮＢであった**。

買収好きのマッコールの跡を継いだのがリーマン・ショック時にＣＥＯの座にあったケネス・ルイスであり、やはりＮＣＮＢの信用アナリストからキャリアをスタートさせた人物であった。ルイスＣＥＯも前任者同様に巨大合併を推し進めた。

04年にはフリートボストン、05年にはカード大手のMBNA、06年にブラジルのイタウ銀行（後に全株売却）、07年にはオランダのABNアムロからイリノイ州のラサール銀行を買収している。中国建設銀行にも出資した。が、そのキャリアの最後となる08年1月に、巨額の問題貸し付けを行っていた住宅ローン大手のカントリーワイド・ファイナンシャルを買収してしまったことが、BOAにとってもルイスにとっても「運の尽き」となった。ルイスは金融危機時に政府から資本注入された450億ドルの公的資金を返済したのを機に退任した。

ルイスの後任となって09年暮れに社内から起用されたのがボストン出身のアイリッシュの**ブライアン・モイニハン**現CEOであるが、ルイスの買収した銀行、フリートボストン出身である。リーマンショックの煽りを受けて米当局の「無理強い」により米投資銀行メリルリンチを買収することになったが、この合併が行われた時には、モイニハンは投資銀行部門の責任者でもあった。

現在の取締役会はモイニハンCEO、デュポン出身のチャールズ・ホリデー会長の他、買収したカード会社のMBNAの元CEOや投資グループ「カーライル」の上級顧問ら13人で構成されている。モイニハンの上司だったフリートボストン元CEOのチャールズ・

ギフォードがその後ろ盾になっている。変わり種ではインド最大の富豪である**ムケシュ・アンバニ（リライアンス・インダストリーズ**会長）が今年になって加わった。

巨額の損失と多数の訴訟を乗り越えられるのか？

ＢＯＡは全部で６部門で構成されているが、住宅ローン部門の最終損失額が見えないことが足を引っ張っている。25億ドルで買収したカントリーワイドが今も底なしの巨額損失を生み出している。ＢＯＡは約３００億ドルを不良資産化した住宅ローン関連のコストとして計上してこれに備えていると報じられた。

10年の部門別ごと純利益を見ると、カード部門と住宅部門がそれぞれ66億ドル、89億ドルの赤字であるのに対し、商業銀行、投資銀行、資産運用部門は13億ドル～63億ドルの黒字となり、ＱＥ２による株高でメリルリンチが稼ぎ出した部門業績を台無しにし、全体の純損失が22億ドルとなった。

株価は２０１１年初来の13・34ドルから10月10日現在で６・19ドルと下落しており、09年春の最安値の３ドル割れまではいかないが、２００７年には50ドル前後だったことを考えればまだ本格的に信頼を取り戻したとはとてもいえない（２０１２年８月では７・５ド

参考文献：『巨大銀行の崩壊 バンカメリカはなぜ衰退したのか』（共同通信社）ゲーリー・ヘクター 著、植山 周一郎（翻訳） 1989年／『1ドルに泣いた銀行王―ジアニーニの銀行革命（ザ・アメリカ 勝者の歴史）』（講談社）大森実・著 1986年

ル前後）。著名投資家のウォーレン・バフェットの投資会社バークシャー・ハサウェイが8月下旬に50億ドルの出資表明したのを受けて株価は一時上昇したが、その効果もあっという間に消え去った。

11年6月末の段階でＢＯＡは住宅ローン関連の訴訟に関連し、投資家向けの和解金として１４０億ドルを確保していると発表。まずブラックロックやフレディマックなどの債券投資家グループと計85億ドルの和解が成立した。しかし同年9月になって今度はＢＯＡを含む17の金融機関が米連邦住宅金融局によって提訴された。

経営刷新計画の一環として、数年間で3万人の人員削減を行うほか、カントリーワイド部門の破産申請も視野に入れてＢＯＡは検討を始めたとも報じられた。今後ともモイニハンＣＥＯに課せられた課題は大きい。

パリ・オルレアンSA

ロスチャイルド家といえば日本でも知らない人はいない200年の歴史を持つ金融一族。彼らはこれまで純血主義を取ってきたが、歴史上初めて一族以外の銀行家を一族の持ち株会社（RCH）のCEOに指名した。一族はいまも陰に陽に欧州の金融界に影響を与えている。本稿では一族企業で唯一上場するパリ・オルレアン（PO）の動向を探る。

【本社】 仏パリ、アヴェニュー・ド・メッシーヌ
【設立年】 1838年（鉄道会社として）
【拠点数】 45カ国以上、57オフィス（2010年）
【従業員総数】 2,191（2010年）
【決算】 3月末
【上場】 パリ・ユーロネクスト（ティカー：PAOR：PAR）
【経営陣】 シルヴァン・ヘーフェス（会長）オリヴィエ・ペクー（CEO）、エリック・ド・ロスチャイルド（経営諮問委員会長）
【主要部門】 投資銀行、コーポレート・バンキング、プライヴェート・バンキング、マーチャント・バンキング（計4部門）
【主要子会社】 ロスチャイルド・コンティニュエーション・ホールディングス（RCH、スイス）、NMロスチャイルド（英国）など
【備考】 The Banker誌（欧州M&Aオブジイヤー2009）
【URL】 http://www.paris-orleans.com

ロスチャイルド家の旗艦企業

ロスチャイルド家は元々はフランクフルトで18世紀に設立された。よく知られているようにその社章は初代マイヤー・アムシェルの5人の息子を表す**「5本の矢」（ファイブ・アローズ）**を表す。ロンドンの「ニューコート」の入り口のドアにもこの紋章があしらわれているのを私は見た。フランクフルト、ウィーン、ナポリは断絶し、今はロンドンとパリ両家の子孫が家業を動かしている。2003年にパリ家の主導で英国と欧州を股にかけ

る一族はスイスの持ち株会社ＲＣＨに事業を統合したが、表の顔はパリ・ユーロネクスト上場の**パリ・オルレアン（ＰＯ）**とロンドンの**ＮＭロスチャイルド**である（もう１つ、一族のロンドン男爵家が経営するＲＩＴキャピタルがある。ここは12年ロックフェラー一族と提携して世間を驚かせた）。長年、ロスチャイルド銀行といえば、その旗艦はＮＭＲのことだったが、現在はＰＯのロンドン支社という扱いになっているようだ。

ＰＯという社名はもともとパリ・ロスチャイルド家が運営していた鉄道会社の路線名に由来する。パリから仏中部のオルレアン間を走る鉄道であった。もう１つ、北部鉄道を運営していたが、すべて１９３８年に国有化され、戦後、ＳＮＣＦとして再出発した。

ロスチャイルド家の旗艦企業がフランスで家名を名乗っていないのは理由がある。１９８１年にフランスで社会党政権が発足し、ミッテラン大統領が一定以上の資産額を持つ銀行を国有化したからである。金融資本の代名詞たる「ロスチャイルド」は「ヨーロッパ銀行」に改称された。当時のフランス家当主の**ギー・ド・ロスチャイルド**が欧米のメディアでこの国有化を批判したことは有名である。ただ、政府は一族に補償金を支払っており、これをもとにギーの息子の**ダヴィド・ルネ**が保守党政権発足を見越して一族銀行の再建を目指していた。それが一族のフランスにおける代表的な活動だった鉄道業の名前を借りた持ち株会社のパリ・オルレアンだったというわけだ。87年には保守系のシラク政権が発足、ドーバー海峡を挟んだイギリスではサッチャー政権が発足、民営化の嵐が吹く。

パリ・オルレアンは一族の持ち株会社として終戦から81年まで活動、87年から94年にかけてはＰＯの子会社は石油採掘に手を広げていたが、プライヴェート・エクイティ投資に力をいれるようになった。同社の経営陣には石油採掘機器で知られる**シュンベルジェ**（今はフランス企業からアメリカ企業になっている）の人間が今も多いのはその名残だろう。その後、イギリスのロスチャイルドとの資本関係を広げ、すでに述べたように２００３年に新しい持ち株会社コンコルディアをオランダ登記で設立し、さらに機構改革を行い、ＮＭＲを傘下に統合している。

英仏のロスチャイルド銀行といえば、主として欧米の企業の合併・買収のアドバイザー業務で知られる。この点はブティック銀行で同社と競合するラザール・フレールなどと共通している。企業の資金調達（債券発行や株式発行双方）の助言事業も手がけている。近年は北米や新興国の案件にもアドバイザーとしてロスチャイルドの名前が浮上するようになった。フォルクスワーゲンとポルシェの事業統合（ドイツ）や**UCルサール**（ロシア）の香港上場のアドバイザー、ＧＭやクライスラーの事業再建の助言なども行っている。

グループ構成図（2012年）

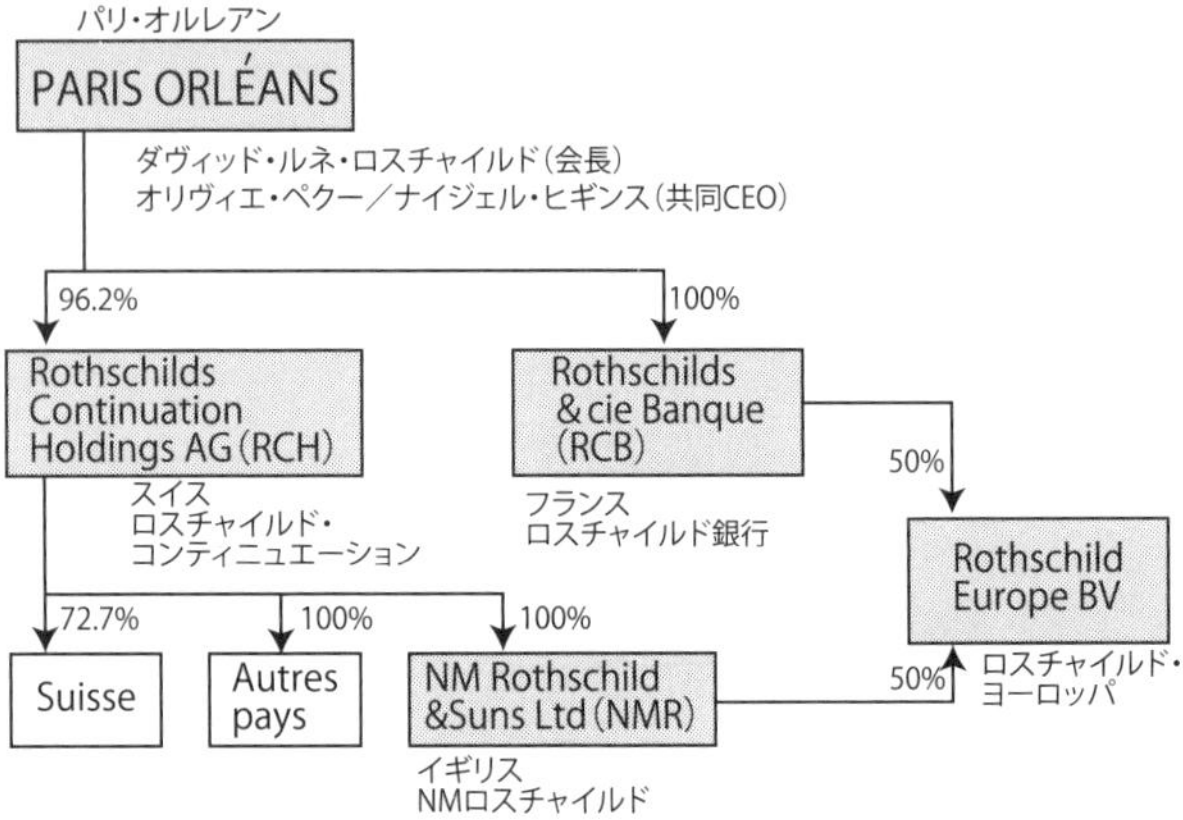

また、規模ではブラックストーンやKKRには劣るもののLBOなどの中小規模のプライヴェート・エクイティ事業にも意欲的だ。大手投資銀行のようにレヴァレッジを利かせた巨大なバランスシートを持たないが、助言業の強みで企業の重要な情報が集まるハブというべき位置にいる。

積極的にアジア、中東、南米へ進出

欧州企業は事業を行う執行委員会《マネジメント》と、取締役会にあたる経営諮問委員会が存在する。前者のトップは現在はダヴィド・ルネであるが、少し前まではシルヴァン・ヘーフェス。90年から2004年までゴールドマン・サックス・インターナショナル（英国）の諮問委員長だった。CEOにあたるのが**オリヴィエ・ペクー**と**ナイジェル・ヒギンス**(イギリス人)だ。ペクーは、シュンベルジェの財務部門やラザールを渡り歩いた人物。後者の諮問委員会には議長にワイン事業も手がける**エリック・ド・ロスチャイルド**に加え、次世代の一家のリーダーとなるダヴィッドの息子の**アレクサンドル**(1980年生)やイブリン・ロスチャイルドの息子の**アンソニー**(1977年生)まで参加している。

PO社はグループで、**ジャーディン・マセソン(JM)**の株式を2割保有するほか、ジュネーヴ・ロスチャイルド銀行の株式やオランダのラボバンクの株式などを保有している。

最近の展開ではすでに述べたように英国支社であるNMRのCEOに一族以外だが二十数年の勤務歴があるナイジェル・ヒギンズを迎えたことであるが、他にアジアの商社JMやイタリアのフィアットの支配者**アニェリ家(ジョン・エルカン会長)**の持ち株会社EXORと合弁でJREという2000万ドル規模の投資ファンドをシンガポールを拠点に展開すると発表したことだろう。カタールのドーハにオフィスを開設するほか、EXORと共同でブラジルにもビジネスチャンスを見出す。中国の吉利自動車がヴォルヴォを買収した時も助言を行うなど、アジアシフトを打ち出している。世界を舞台に展開するロスチャイルドが金融危機の後の覇者となるか、興味は尽きないところだ。

ドイツ銀行（ドイチェ・バンク）

ドイツ3大銀行（ビッグスリー）の一角を占めるドイチェ・バンクで１９９６年から辣腕を振るってきた、大物バンカーであるヨゼフ・アッカーマン会長兼ＣＥＯが２０１２年、いよいよ引退し後進に道を譲った。あとを継ぐのはインド人の投資銀行家と生粋のドイツ人の重役のツートップ体制。19世紀末にドイツ帝国の基盤を作った巨大銀行もまた米英型のデリバティブ・トレーディングを行うグローバル投資銀行に変貌してしまった。巨艦はどこへゆくのか…。

【本社】 ドイツ・フランクフルト・アム・マイン
【設立年】 1870年、ベルリン
【拠点数】 70カ国以上、3083（全世界の支店数）
【従業員総数】 10万2062人（2010年末）
【決算】 12月末
【上場】 フランクフルト証券取引所（DBK：FRA）他
【経営陣】 ユルゲン・フィッツェン、アンシュ・ヤイン（共同CEO）
※過去の有名経営陣：ヨゼフ・アッカーマン会長兼CEO
【主要部門】 投資銀行部門（CIB）、個人・資産運用（PCAM）、企業投資（CI）
【備考】 フォーブス2000（世界52位、2012年）
【URL】 http://www.db.com/

ジーメンス財閥の金融部分として成立

ドイツ銀行が創設されたのは１８７０年。普仏戦争のさなかにプロイセン国王の勅許《ちょっきょ》によって外国との取引業務を専門にする銀行として設立された。この数年以内にドイツのビッグ３の一角を構成する**コメルツ銀行**や**ドレスナー銀行**も創業されている。なお、ドイツ保険業界の雄である**アリアンツ**は１８９０年に姿を現した。

普仏戦争でフランスに勝利したことにより、50億フランの賠償金を得たドイツは翌年に第二帝国を建国。新たな通貨となるドイツマルクを武器に海外進出を積極的に行い、帝国

主義の渦中に飛び込んでいくことになる。この国家的一大事業を支えたのが、ドイツ銀行である。創業に関わったのは、ドイツ重工業の礎を築いたジーメンス一族の1人、**ゲオルク・フォン・ジーメンス**である。ドイツ銀行はまずはジーメンス財閥の金融部門として成立したのである。

現在はフランクフルトに拠点を構えるドイツ銀行だが、創業当初はベルリンを本拠としていた。だが、ブレーメン、北部ハンブルクに進出し、上海（72年）、ロンドン（73年）と早くから海外に進出している。横浜にも進出し、先行する65年創立の**香港上海銀行（今のHSBC）**とも競い合う関係になった。ドイツ国外にも展開していたことで国内の金融危機を切り抜けることにも成功した。同時に国内の中小銀行を買収してゆく。その数は1929年までに42行にものぼる。

ゲオルクは1901年には死去するが、ドイツの銀行はつい最近まで1人のカリスマ経営者に過度に依存しない集団指導体制をモットーにしていた。**欧米ではCEOと呼ばれるポジションも、つい最近まで存在せず、経営陣の間の「スポークスマン」が存在するだけだったのである**（またドイツ企業は英米企業と異なり、CEO、取締役会議長＝会長とは別に取締役会を監査役会によって監督する体制になっている。企業トップは最終的にはこの「監査役会議長」に就任することが一般的である)。

第一次大戦の敗戦とハイパーインフレの混乱期を経て、29年にはベルリンの大銀行のディスコント・ゲゼルシャフトを買収したことで名実ともにドイツ最大の銀行となった。この2行で当時のベルリン実業界の半分を支配していたといわれる。

ナチス時代には、産業生産から軍需生産、アウトバーン建設などの公共事業に経済活動の比重を移したドイツだったが、ドイツ銀行が国債を買い支えた。しかし、第二次世界大戦になると、裏付けのない紙幣を発行することで戦争を遂行したので当然のことだが激しいインフレが襲った。さらに、戦後の連合国進駐によって、ドイツ産業界の金融をになったドイツ銀行とナチスドイツの関係が厳しく問われた。ドイツ銀行はナチス親衛隊のヒムラーとの関係を問われたほか、2人のユダヤ人経営陣追放のかどで何人かの取締役らが逮捕された(しかし、裁判にはかけられなかった)。後になってゲシュタポやアウシュヴィッツ収容所やホコローストと関係の深いIGファルベンという化学メーカーへの建設資金を提供したことも発覚。挙句の果てには独立後の1957年には再統合されたものの、一時はドイツ銀行は財閥解体により全ドイツで10の地方銀行に分割されてしまった。

その西ドイツ銀行の戦後の復興期に活躍したのが、新しくスポークスマンとなった**ヘルマン・**

ドイツ銀行　年表

1870年	ベルリンで創業
1938年	ナチスの政策による「アーリア化」（ユダヤ人行員）追放がピークに
1957年	合併により現在のドイチェ・バンクの母体が成立
1970年	ロンドン、東京、パリ、ブリュッセル、香港などで支店を設立
1989年	ロンドンのモルガン・グレンフェルを買収
1999年	米国・バンカース・トラストを買収
2002年	ヨゼフ・アッカーマンがCEOに（～2011末まで）
2009年	独ポストバンクとの提携、翌年に傘下に収める
2010年	富裕層向け資産運用会社のサル・オッペンハイムを買収

ヨゼフ・アブス（1901～1994年）という人物だった。戦後復興の20年間にドイツ銀行は国内基盤を立て直し、同時に南米からアジア、中東、北米にまで展開した。国内ではアブス頭取がドイツ銀行の経営陣だけではなく、他の主要なドイツ企業（ダイムラーなど）の約24で監査役会議長に就任するまで産業界に影響力を拡大した。さすがにそれは問題視され、議会で1人の人間が監査役会議長を兼任するのは10社までという制限が立法（別名「アブス法」）されるほどになった。それでも1979年にはドイツ銀行の経営陣はダイムラー、シーメンス、ティッセン、バイエル、アリアンツなどの主要ドイツ企業140社以上の監査委員会に人材を送り込んで、影響力を行使していたという。このあたりは日本の銀行とよく似ている。

1967年、この巨大なアブスが引退した後は、ドイツ銀行の経営委員会は**「2人取締役会代表制」**を採用する。現在のドイツ銀行が投資銀行部門とそれ以外の部門の出身者で共同CEO体制を築いているがそれと似ている。当時、2人のトップはそれぞれフランクフルトとデュッセルドルフにいて、両者はホットラインを通じて経営の意思決定を行った。この「二重体制」は80年代後半まで続く。

「世紀の買収」により巨大化、グローバル化を推進

ドイツ銀行はもとより国際化にも積極的だったが、この流れをいっそう強めたのが1989年の**モルガン・グレンフェル**（ロンドンの投資銀行）の米JPモルガンからの買収と、ロシア金融危機によって弱体化していた、米**バンカーストラスト**の買収（99年）だった。今や、今世紀に入ってからのドイツ銀行はグローバル金融界を支配していた米国の投資銀行に匹敵する勢力になった。バンカースは資産運用だけではなく、デリバティブ分野にも明るく、これによりドイツ銀行はゴールドマン・サックスのように自己勘定によるデリバティブ・トレーディングの取引を増やしていった。

この「世紀の買収」を実施したのが二代前のCEOであった投資銀行部門出身の**ロルフ・**

ブロイヤー（ドイツ証券取引所《ドイチェ・ベーゼ》前会長）であり、彼は、89年以来ドイツを拠点に旧東独にも勢力を拡大していった当時のヒルマール・コッパーの後継者であった。冷戦後の米資本主義の一極支配体制と欧州統合という流れの中、国内に比重をおいてきたドイツ銀行がグローバル化する時期がやってきたのだ。だがそれは貪欲な投資銀行家という悪名をドイツ銀行までが背負うことになることも意味する。

その流れは、一代前の**ヨゼフ・アッカーマン**会長兼CEO時代にもいっそう強まった。アッカーマンは96年にドイツ銀行入りするが、彼はドイツ人ではなくスイス人だった。アッカーマンは、今年のギリシャ債務削減交渉で銀行業界の代理人として前面にでた、**国際金融協会（IIF）**の会長も努め、名実ともにグローバル金融界のトップにたった。アッカーマン時代、ドイツ銀行は、ピークとなる07年には株価を100ユーロまでつけたが、金融危機ではその5分の1にまで減らすなど、まさにジェットコースター的な経営と言われた。

しかし、そのアッカーマンの**「グローバリスト＝英米金融界寄り」**の体質は、その文化の違いが呼ぶスキャンダルにも彩られていた。その最たる例は英ヴォーダフォンによる独マンネスマン（携帯電話会社）買収の時に起きた「背任疑惑」と「キルヒ事件」である。前者は当時マンネスマンの社外取締役だったアッカーマンが、ヴォーダフォンに身売りした際に、当時の取締役会メンバーに高額ボーナス支給を決めたことが罪に問われたものだ。この種の買収時の巨額の現経営陣へのボーナス支払いは今でも問題にされる。5年近くに渡る法廷闘争の結果、再審中（1審は無罪）に6人のマンネスマン取締役は金銭的和解に合意した。しかし、この問題はアッカーマンの経歴の汚点として語りぐさになった。一方のキルヒ事件は前任者のブロイヤーが取引相手の独メディア企業キルヒが経営不振であることを不用意に口外したことが守秘義務違反であると民事訴訟で訴えられたケースだった。

これらのスキャンダルをドイツ銀行は乗り越えていったが、その後に直面したのが米国を中心に沸き起こったサブプライム住宅バブルであった。英米型のトレーディングを業績の主体とするようになって経営構造が根本的に変化していたドイツ銀行は、CDO（債務担保証券）を顧客に売って巨額の利益を稼ぎ出していたが、ここでも顧客に対する職業倫理を問われるようなこともあった。住宅バブル崩壊によってそのCDOが無価値＝ゴミクズになることを一方で知っておきながら、それを顧客に対しては積極的に販売していたという。これはゴールドマン・サックスが米国内でSECの調査を受けた一件のやり口と極めてよく似ている。ちなみに現在のドイツ銀行の監査役会議長は、現在のアリアンツの経営陣メンバーだが、もともとはニューヨークとドイツで活動した元ゴールドマン・サックスのバンカーである。米英金融界との融合も頂点に達したわけだ。

ドイツ銀行が〝ゴールドマン化〟した21世紀には、他の従来のドイツのビッグ3銀行にも大きな波が押し寄せていた。ドレスナー銀行は2001年には保険大手であるアリアンツに買収されたが、ロンドンの投資銀行部門であるドレスナー・クラインウォート・ベンソンは投資ファンドのリップルウッド（RHJ）に買収され個人資産運用中心に衣替えされ、本体（ドレスナー）はアリアンツからドイツ第二の**コメルツバンク**に所有者が変わった。そのアリアンツも2000年には有名な投資アドバイザーであるビル・グロスの名前で知られるPIMCOを買収するなど保険分野と機関投資家向けの運用ビジネスをリンクさせ、独自の地位を築いている。

ドイツ銀行は、アッカーマンの後、2012年から再び「2頭体制」に移行した。現在、取締役会にはシーメンスのトップや、電力会社であるエーオンのトップが名前を連ねるが、ドイツ銀行の収益の本体は投資銀行部門であり、同部門出身のインド・ラジャスタン州出身の若手バンカー**アンシュ・ヤイン**（1963年生）の経営手腕が問われることになる。

中国4大商業銀行の野望

中国の大銀行は10年前の2000年の世界企業時価総額ランキングには影も形もなかったが、2012年4月現在では世界の大銀行の中で、第2位のウエルズ・ファーゴを抑えて首位に来ているのは、中国最大の国有商業銀行である「中国工商銀行」（ICBC）だ。しかし、同行は資産額では世界12位で多くの米銀勢の後塵を拝している。「次の超大国・中国」の金融エリートはいかなる人々でどのように金融帝国を拡大しているのか。

中国工商銀行
【本社】中国・北京市西城区復興門内大街55号
【設立年】1984年
【上場】香港証取（SEHK:1398）上海証取（SSE：601398）
【経営陣】姜建清（董事長＝会長兼頭取）
【URL】http://www.icbc.com.cn/icbc/

中国建設銀行
【本社】北京市西城区金融大街25号
【設立年】1954年
【上場】香港（SEHK：0939）上海（SSE：601939）
【経営陣】王洪章（董事長兼頭取）
【URL】http://www.ccb.com/cn/

中国農業銀行
【本社】北京市東城区建国門内大街69号
【設立年】1951年
【上場】香港（SEHK:01288）上海（SSE：601288）
【経営陣】蔣超良（董事長兼頭取）
【URL】http://www.abchina.com/cn/

中国4大銀行の歩み

米フォーチュン誌の世界企業ランキングによれば、2011年の中国の「4大商業銀行」（ビッグ4）とは収益規模が大きい順に「**中国工商銀行（ICBC）**」「**中国建設銀行（CCB）**」「**中国農業銀行（ABC）**」「**中国銀行（BOC）**」の4行である。これに「中国交通銀行」（バンク・オブ・コミュニケーションズ）を入れて5大銀行とする場合もある。この5行は株式の大半を今も政府系の組織に保有される国有銀行である。

中国銀行
【本社】北京市西城区復興門内大街1号
【設立年】1912年
【上場】香港（SEHK：3988）上海（SSE：601988）
【経営陣】肖鋼（董事長兼頭取）
【URL】http://www.boc.cn/

そのため、米国の銀行が建前上は政府の影響下にないのに対して、中国国有銀行は人事から経営方針まで株主である国務院や規制当局である**中国人民銀行（PBOC）**や**CBRC（中国銀行業監督管理委員会）**の強い監視のもとで動いていると言っても過言ではない。

北京市の都心西部の西城区にあるビジネスセンターは中国の「ウォール街」に当たる「中国金融街」だ。ここには4大銀行や証券会社・保険会社だけではなく、外国銀行支店も密集している。米国であればウォール街にはニューヨーク連銀だけはあるが、それ以外の規制当局は首都ワシントンDCにある。対照的に中国の場合はすべてが一カ所に集中している（ただし、交通銀行は上海の浦東地区に本社がある）。

まず中国の銀行史を簡単に振り返りたい。最も古い歴史を持つのが、中国銀行であり、最も新しいのが中国工商銀行である。中国銀行は実はその成立は辛亥革命のあった1912年に遡るが、実際はもっと前の1905年、清朝末期の「大清戸部銀行」まで遡れる。

当初の中国銀行は中央銀行の役割も果たしていた。戦時中も支店の中には幾つかは日本の進駐によって閉鎖されたものもあったが、同時に拡大もしていた。1949年に中国国民党と共産党の内戦が共産党の勝利で終わった後は、2つに分裂し中華民国（台湾）政府と、中華人民共和国政府のそれぞれに帰属する銀行に分かれていった。この中で中国側として残ったのが名前も同じ「中国銀行」である。

他の3行は、中国農業銀行（51年）中国建設銀行（54年）そして中国工商銀行（84年）の順に成立している。中国の金融システムは78年に改革開放の風が吹き始める前は国家の完全な管理下にあったといっていい。

現在、中国における金融機関の種類は4種類ある。すなわち、米議会調査局の報告書（2012年）による分類に従えば、**（1）国有政策銀行（2）株式化された銀行（3）地方銀行（4）民間商業銀行**に分かれる。

（2）から以下の各銀行には競争原理が一応は導入されているが、政府系の株式保有割合はいずれも高いのは変わりない。（3）は広東発展銀行や上海浦東発展銀行が、（4）には中国民生銀行（96年設立）、中国招商銀行（87年）、中国光大銀行（92年）、中信銀行（CITIC Bank、87年）などがある。

改革開放以来、銀行改革と言えば、第一段階として**「中央銀行と市中銀行の分離」（80年代）**があり、**「商業銀行と政策銀行の分離」（94年）**があって、2000年のWTO加盟前後に、当時海外のアナリストらによって3割から5割あると言われた不良債権の「処理」を一斉に行った後で、2000年代に相次ぐ**株式上場という第3段階目**に突入している。株式上場は2005年に始まり、2010年の農業銀行をもって完了しているが、政府が大株主で在り続けるので経営方針などは政府に指導されて決まるわけだ。

4大銀行はもともと、株式上場をはじめるまでは、「政策銀行《ポリシーバンク》」と呼ばれていた。しかし上場によって、国有でありながら普通の一般商業銀行のように運営されるようになり、政策銀行ではなくなった。残る政策銀行は「国内外へのインフラ融資」を主に手がける**国家開発銀行（CDB）**、農業インフラの整備を行う中国農業発展銀行、中国企業の主にハイテク商品の輸出をサポートする中国輸出入銀行のみとなった。この内、メディアでもよく登場する開発銀行はやがては株式を上場する可能性も囁かれている。

なお、開発銀行は中国国内では**三峡ダム**や高速鉄道網などの巨大プロジェクトへの融資を行う一方、中国が資源を求めて進出するアフリカの開発を支える「**中国・アフリカ開発基金**」に深く関わる他、中国の資源企業への融資を行うなど、**中国の「走出去戦略」（対外進出戦略）の要**になっている。

99年の不良債権処理と05年からの株式上場

大銀行が株式上場することになる背景になったのは、98年に朱鎔基首相（当時）のもとで、特大型国有企業が制度改革後に上場することが認められたためだ。中国経済の権威である関志雄氏によれば、これは「長らく続いた国有企業の国有銀行に対する資金依存の緩和」が狙いだったという。中国財政部は同じ年に2700億元の長期特別国債を発行、資金を4大銀行の資本金に当てた。

ただ問題は、この当時において4大銀行は巨額の不良債権を抱え込んでいたことである。**その不良債権を処理するために、財政部によって金融資産管理公司（AMC）4社が設立された。**これらのAMCは信達、東方、長城、華融という呼称があったが要するに不良債権を飛ばすための「バッドバンク」であった。当時、3・2兆元と貸し出し全体の4割を占めていた4大銀行の不良債権のうちまず1・4兆元を簿価で買取った。この買取は二度にわたって行われ、二度目の04年と05年には1・6兆元を買い取っている。最終的には3・6兆元もの買取を行ったという（ちなみに08年の金融危機を受けて中国が行った巨額の財政出動の額が4兆元であった）。

AMC群は不良債権を買い取るためにまず財政部（財務省）から100億元を供給されたが、それと引換にAMC債を発行し、これを政府に渡している。それでも不足する資金は市中にこの債券を売りだして調達した。問題はどうもこのAMC債を買ったのが主に4大銀行であることだ。これは事実上、「不良債権」だったものを名前を変えて元の銀行に戻しているに過ぎない。さらに政府はやがてこのAMCの株式の一部を国内投資家向けに売りだした。ここでもこのAMCの株式を購入したのが4大銀行だったのである。だから、4大銀行は不良資産を買い取る際に発行されたAMC債だけではなく、不良資産を買い取ったAMCの大株主になってしまった。この結果、大銀行のバランスシートは見かけ上は綺麗になった。これで「不良債権が清算された」と言っているわけである。

ただ、**4大銀行がいずれも香港と上海にしか上場せず、ニューヨーク上場を果たしていないことからもわかるように、不良債権処理については額面通りに受け取らないほうがいいという指摘もある**。

2003年には不良債権処理を加速するとともに、「**社会主義市場経済**」の前提のもとで条件を満たした国有商業銀行を選んで株式制に再編し、企業統治の仕組みを整え、やがての上場に備える方針が決まった。

国務院は同年、外貨準備から資本を不良債権比率が低くなっていた中国銀行と建設銀行に注入した。また、この2つの大銀行の大株主として出資者の権利を行使し、投資収益とその配当を受ける部門を設置した。これが、**「中央匯金投資有限責任公司」（Central Huijin Investment）**である。外貨準備を運用する**「国家外為管理局」（略称：SAFE）**や財政部、中国人民銀行（中央銀行）が共同で設立した。現在も4大銀行や国有保険・証券会社などの大株主である。09年末時点のデータだが、工商銀行に限っては今も財政部の出資比率が高いので、中央匯金は約35％の保有比率だが、他の4大銀行では5割〜7割近くを中央匯金が保有している。

ただ、重要なのは中央匯金は後に07年に設立された、中国発の国家ファンドである**「中国投資有限責任公司」（China Investment Corporation　CIC）**の〝子会社〟（下部組織）となっているということだ。

CICといえば、07年5月にサブプライムバブルが弾ける直前、米投資会社のブラックストーンの株式30億ドル分（9・4％）を取得したが、直後の株価下落で大きな損失を出したり、その後も米モルガン・スタンレーに出資したことで知られるファンドである。近年ではトヨタなど日本企業174社で大株主になっているとも報じられて、「いよいよ中国が日本を買い漁りはじめたか」とも報じられたことがある。

このCICが傘下の中央匯金を通じて、国内の大銀行の大株主にもなっているということなのである。CICの董事長（CEO）の**楼継偉**がそのまま中央匯金のトップになっている。CIC、中央匯金ともに国務院の傘下にある。

投資ファンドと大銀行の政府株主という役割は分けるべきだという議論も中国国内でも存在しており、将来的には両者は分離する可能性もある。

中国銀行、建設銀行に外貨準備を使ってまず資本注入した後も、中央匯金は4大銀行全てに外貨準備からの資本注入を続けた。さらに各行は経営ノウハウ獲得や資本強化の目的から外資の戦略的投資家を募った。04年にはHSBCが交通銀行の株式19％を取得、05年にはバンク・オブ・アメリカやシンガポールの投資会社テマセクが建設銀行の株式をそれぞれ9％と5・1％取得。06年にはゴールドマン・サックス、独保険アリアンツ、米アメリカン・エキスプレスが総額38億ドルを投じ、工商銀行の株式全体の8・45％を取得した。

このため、一時はゴールドマンは社外取締役として、最高執行責任者の**ジョン・ソーントン**（清華大学教授でもある）を送り込んでいた。現在は欧米銀行は中国国内銀行の株式保有を相次いで減らしているため、各行の取締役会からはアメリカ人はいなくなった。

各行は、05年10月の建設銀行が香港に上場したのを皮切りに、06年6月に中国銀行が香港へ、工商銀行が06年10月に香港と上海へ上場した。最後の農業銀行は2010年7月に香港と上海に上場を果たしている。

工商銀行の上場は、98年に上場したNTTドコモを超えて、金額では世界最大の新規株式公開となったことが話題となった。上場から数ヶ月で株価は上昇、時価総額もうなぎのぼりとなり、07年7月には欧米の金融機関を抜いて金融機関では世界1位となった。現在も2012年4月現在で、フォーブスの世界企業ランキングでは時価総額で、2374億ドルと2位のウェルズ・ファーゴ（1787億ドル）、3位のJPモルガン・チェース（1701億ドル）を抜いて首位の座にある。

人事に大きな特徴がある4大国有銀行

石油企業や通信会社と同様に、中国の銀行業界の人事もやはり最終的に決めるのは**中国共産党中央組織部**である。銀行経営陣についていえば、例えば規制当局の1つである中国人民銀行に勤務していた者が、大銀行の経営陣になり、再び人民銀行や他の規制当局や党幹部にあがっていくというケースがよくある。最もわかりやすいのが、現中央銀行総裁の周小川と現在副首相で次期政治局常務委員入りがウワサされている知米派の**王岐山**である。

周小川（1948年生）は、85年に清華大学卒業、86年共産党入党、国家経済体制改革委員（91年まで）、89年に対外経済貿易部部長補佐、91年に中国銀行副頭取と国家外貨管理局長を兼務し、その後、96年から98年まで人民銀行副総裁、98年には中国建設銀行頭取、2000年に中国証券監督委員会主席、03年に現在の中国人民銀行総裁となっている。**中央の役人が出先の部署に赴任する感覚で中国銀行や建設銀行のポストについているのがわかる。**

王岐山（同じく1948年生）も、もともと大学では歴史学を学んでいたのに、88年から中国農村信託公司総経理になったのをきっかけに、翌年からは建設銀行副頭取になったのを手始めに、人民銀行副頭取、建設銀行頭取とポストを渡り歩いている。当時は建設銀行が民間銀行という感覚がないはずだが、ちょうどアメリカの政府高官が民間から起用されるのと同じように、市中銀行と中央銀行を行き来する経歴になっている。そのような経験を経て、北京市長となり、現在の国際金融担当の副首相となっているわけである。

現在の4大銀行のポストを次に見てみよう。長年、同じ銀行で生え抜きメンバーとして出世してきたのは、現在の**中国工商銀行会長**（董事長）である**姜建清**くらいで、他の銀行の会長職にあるトップは人民銀行での職を経た後に銀行の経営トップとなっている。

具体的に言えば、中国銀行の会長である**肖鋼**も98年に人民銀行副総裁を経験しており、建設銀行の会長を11年末までやっていた**郭樹清**も同じように98年から人民銀行副総裁となっている。建設銀行の現在のトップの**王洪章**も、工商銀行から人民銀行へ移動した後に現在のポストに就いている。農業銀行の現在の董事長の蔣超良も人民銀行から政策銀行である中国開発銀行へ、その次に中国交通銀行へ移った後に、農業銀行で現在のポストに就いている。中央組織部が人材を移動させるのには幾つかの理由がある。蔣超良の場合は交通銀行とＨＳＢＣとの提携を成功させたという実績が評価され、農業銀行でも手腕が期待されているためらしい。工商銀行の姜建清にしても、退任後は銀行や証券を監視するＣＢＲＣやＣＳＲＣといった政府部署でのポストが約束されているとも言われる。これが、国家資本主義の中国の企業人事のやり方である。

４大銀行のうちで国際進出に特に熱心なのが、工商銀行だ。姜建清の指揮のもと、新興国戦略を進めるとともに、米国内でも２０１２年初頭に香港の東亜銀行の米現地法人の買収を行い、米国内での商業銀行の営業を開始している。また、同行はアフリカへの投資でも有名で、11年末のデータでは、アフリカ投資だけで金額が70億ドルに達していると公表している。その投資をやりやすくしているのが南アフリカ・ヨハネスブルクにあるアフリカ大陸最大の資産額を誇る**スタンダード銀行**の株式を07年に2割取得し大株主になったことだ。すでに述べたようにアフリカ進出は政策銀行でもあるＣＤＢの重要な任務だが、ＩＣＢＣも独自に橋頭堡を築き、投資を活発化させているわけだ。

問題は不動産バブルと不良債権の行方

ただ、現在、中国の大銀行や中小銀行は金融危機後に4兆元の財政出動を呼び水にして土地取引や不動産投資に走った地方政府の設立した地方投資公社（**「地方融資平台」**）にも融資しているが、これが懸念材料だ。この融資は開発される土地を担保にしているため、スペインでのような形で「不動産バブル」が大きく弾け、投資からの収益が減れば、貸し込んでいる中小銀行からまず崩れていく可能性もあるからだ。２０１１年6月現在で地方政府の債務残高は10・7兆元に上ると言われ、このうちの4・97兆元が地方融資平台の銀行借入れという。

大銀行は洋の東西を問わず、自国や自らの地域の中央銀行の金融政策によって浮き沈みが激しいものだ。中国の大銀行は株式を政府が握っているのでなおさらである。

BP plc（ビー・ピー・ピーエルシー）

創業100年を2009年に迎えたBPを襲ったのは、2010年5月のメキシコ湾での海底油田事故による原油の大量流出事件だった。巨額の200億ドルの補償基金設立を米政府と合意したが、新興国の台頭という新しい現実にも直面。ロシアでの合弁でもパートナーとのトラブルが今も続いている。米出身のロバート・ダドリーCEOは正念場をむかえている。

【本社】英ロンドン、セント・ジェームス・スクウェア
【設立年】1909年、ロンドン
【従業員総数】8万300人（2009年12月31日）
【上場】ロンドン証券取引所（ティカー：BP.：LSE）
【経営陣】カール＝アンリ・ズヴァンベリ会長（2010年～）、トニー・ヘイワード前CEO（辞任）、ロバート・ダドリー（現CEO）
【主要部門】探査・生産部門（E&P）、精製・マーケティング部門（R&M）、代替エネルギー部門
【URL】www.pb.com

英海軍との長期契約を礎に石油メジャーへ

ＢＰの設立は今から１００年以上前の１９０９年。当初はアングロ・ペルシャ・オイル（ＡＰＯ）という名前だった。１８７０年にはロックフェラー家のスタンダード石油、１８97年にはシェル・トランスポート&トレーディング・カンパニーが設立され、「石油の世紀」となった20世紀への準備を始めていた。ＢＰの前身を設立したのは豪州鉱山事業などを手がけていた、**ウィリアム・ノックス・ダーシー**。ＡＰＯ設立の翌年には英国政府が海軍省の主張を容れ、艦船の燃料を石炭から石油に変更している。ダーシーの後を継

ぐ経営者のチャールズ・グリーンウェイは英国海軍と燃料供給の長期契約を結ぶことに成功する。当時の金額にして200万ポンドを政府は新会社に出資。これが80年代まで続いた英国政府とBPの関係の始まりだった。

当時はタンカーなどの輸送手段を持たなかったBPだが、第一次世界大戦中の15年にはもうタンカー子会社を保有していた。戦争需要で勢いを付けたBPは20年代後半にはスタンダード、シェルと肩を並べる有力企業に成長。次の経営者のジョン・カッドマンの時代には1928年にアルメニア人のカルースト・グルベンキアンの調停で結ばれた旧オスマントルコ地域における石油の利権分配協定（赤線協定）により他企業と同じ23・75％の権益を獲得した。

大恐慌後の30年代以降にはBPはペルシャにおける資源ナショナリズムに悩まされることになるが、第二次大戦後の51年にはとうとうイランの石油産業が国営化された。これに反発した英国政府と米CIAは共同でクーデターを画策したことはよく知られている。政変後擁立されたパーレビ王朝との54年の取り決めで欧米企業はイランが保有するプラントの操業権を得たが、実質的に権益の4割を**アングロ・イラニアン石油**が獲得、この会社が社名を**ブリティッシュ・ペトロリアム**（略して、BP）に改称している。

この後、イラン以外の国々への進出が始まる。イラク、クエート、欧州、豪州と進出し、60年代には英国沖の北海油田、米アラスカへの進出を果たす。その成果がアラスカの北極海沿岸のプルドー・ベイ開発への参入（この油田から伸びるパイプラインでは07年に漏出事故があった）。元々同油田を発見したのは現在傘下になっているARCOの前身のアトランティック・リッチフィールド社。BPが米東海岸の権益の一部を買収していた。これが米国進出の足がかりとなる。さらに同年、ロックフェラー系列だったオハイオ・スタンダード石油の株を25％保有し、アラスカ油田の運営を同社に委託することが同時に決められた。この時期に両社はアラスカ縦断パイプライン事業にも乗り出しているが、最終的にBPは同社を完全に買収している。

他の石油メジャー同様、OPEC設立などの産油国の力が強まったオイルショックの影響を受け、70年代には経営の転換期を迎えている。原油以外に石炭事業に進出したのもこの時期だ。株式を保有する英国政府のヒース首相とBPのエリック・ドレーク会長の間では「BPは英国への石油供給に撤するべきか」という論争が起きている。この時期の多角化路線は動物用飼料会社を買収するまでに及んだが、結局、次のピーター・ウォルターズ会長時代の80年代に多くを清算・売却している。

BP　年表

1909年	ウィリアム・ノックス・ダーシー がアングロ・ペルシャン・オイル・カンパニー（APOC）を設立、イランの油田操業を開始
1914年	英海軍と燃料供給についての長期契約を締結。英国政府が3分の2の株式を取得
1935年	アングロ・イラニアン・オイル・カンパニーに改称
1954年	ザ・ブリティッシュ・ペトロリアム・カンパニー・リミテッドに改称
1987年	英国政府がBP株（31.5%）を市場に放出し民営化
1998年	ジョン・ブラウン卿がCEOに（～2007年）
1999年	米石油会社のアモコ（Amoco）と合併し、BPアモコとなる
2000年	米石油会社のアトランティックリッチフィールドを買収
2001年	社名をBPplcに変更
2003年	ロシアで合弁企業TNK—BPを設立
2007年	トニー・ヘイワードがCEOに（～2010年）
2010年	4月、メキシコ湾原油流出事件（～9月まで）
2011年	北極海油田開発でロスネフチと提携方針を見せるがTNKの反対で頓挫

この時代、ＢＰは、サッチャー政権の誕生による政府保有株売却路線で民営化される。この株式公開の主幹事だったのが、あのゴールドマン・サックス（ＧＳ）である。近年まで13年間、ＢＰ会長だったアイルランド人の**ピーター・サザランド**が同時にＧＳの英国支社会長であるところに関係の深さがよく表れている。

ウォルターズを継いだロバート・ホートン会長兼ＣＥＯの果断な再編・リストラ路線は社内で不評を呼び、ホートンはわずか3年でその職を追われるが、この路線は次のジョン・ベアリング（アシュバートン卿）

会長とデイヴィッド・サイモンCEOのもとでも継続された。BPは部門再編を行い、3年間で9000人のリストラを実行した。

次に登場するのが、95年から07年まで12年間CEOとしてサザランド会長とともに君臨したのが、**ジョン・ブラウン卿**である。98年にはスタンダード石油インディアナの後身であるアモコも買収。87年に完全買収したオハイオと並び、スタンダード2社を傘下に収めている。さらに2000年にはARCOも買収、翌年に社名をBPの2文字に変更、社名ロゴも楯のマークから**現在のヘリオス**（**太陽神**）に変更している。その後、イギリスの大衆紙に自身の同性愛の経歴が報じられたことも影響して、ブラウン卿は当初より1年早く辞任に追い込まれてしまう。

07年には**トニー・ヘイワード**前CEOが就任したが、2010年のメキシコ湾油田流出事件の時に度重なる失言をしたことなどが原因で強制的に退任させられている。

北極海油田プロジェクトは結局、エクソンのものに

BPで特記したいのはロシアにおける**TNK-BP**とよばれる合併事業の存在である。ブラウン卿はロシアのTNKとの合弁TNK-BPを03年に設立し、ロシアの資源系オリ

ガルヒ（財閥）との合弁事業に乗り出している。同社取締役会にはロシア側から**アルファ・グループ**の**ミハイル・フリードマン**らが参加、英国側からは元NATO事務総長のロバートソン卿、独立取締役としてゲアハルト・シュレーダー元独首相も加わっていた。

ただし、この合弁事業はトラブルつづきだ。取締役の任命権や海外事業展開などの経営の方向性をめぐりロシア側が一時激しく反発する事態になった。一時はロシア国外退去（ビザの期限切れが表向きの理由）となったのが当時の同社の英国側トップの**ロバート・ダドリー現CEO**。この時期の英露（プーチン政権）の緊張関係を象徴する出来事でもあった。

メキシコ湾原油流出事故の後のBPはどうなったか。やはり、焦点は、ロシアにおける合弁TNK-BPの行方だ。BPとしては北極海の油田プロジェクトでロシア国営石油企業のロスネフチと合弁を組みたがっていたが、合弁相手ともめている間に肝心の北極海の案件は米国のエクソンに流れてしまった。2012年6月になってBPはTNK-BPの折半出資分を売却する意思を示した。しかし、同部門は石油・ガス部門の生産量の3割、過去10年間利益の1割を占めてきた巨大プロジェクト故に売却は困難が予想される。

流出事故の責任をとって辞任したヘイワード前CEOはロスチャイルド家の御曹司ナサニエル・フィリップ・ロスチャイルドと組んで、新興国の資源企業投資に乗り出している。

主な競合企業（資源・エネルギー　Oil&GasOperations）

米：エクソン・モービル（1位）、英蘭：ロイヤル・ダッチ・シェル（4位）、中国：ペトロチャイナ（7位）、ブラジル：ペトロブラス（10位）、英：BP（11位）、米：シェブロン（12位）、露:ガスプロム（15位）（参）日本:JXホールディングス（176位）

ガスプロム

2012年、再選を果たしたウラジミール・プーチン大統領の「ロシア・ガス帝国」の周辺に異変が起きている。ロシアの前身の国家機関「ガス工業省」からスタートした「ガスプロム」。総利益400億ドルの世界最大のガス大国であるロシアに突如、北米のシェールガスという大きなライバルが出現した。

【本社】 ロシア共和国、モスクワ市
【設立年】 1989年
【販路】 旧ソ連諸国とその他の約30カ国
【従業員総数】 40万4400人（2011年末）
【上場】 モスクワ証券取引所（GAZP:MCX）
【経営陣】 アレクセイ・ミレル（CEO）、ヴィクトル・ズブコフ（会長、前副首相）
※著名元経営陣:ディミトリ・メドヴェージェフ（元会長、元副首相、前大統領）
【主要部門】 探査、生産、輸送、精製、販売、発電・送電
【主要子会社】 ガスプロムネフチ（90%）など多数
【備考】 フォーブズ2000（世界15位、2012年）
【URL】 http://www.gazprom.com
※株主構造　ロシア共和国（50%）

ペレストロイカの一環として設立、ソ連崩壊で株式会社に

天然ガスがエネルギーの主役になってきたのは過去半世紀のことで、石炭、石油よりもその歴史は浅い。天然ガスはもともと石油生産の付随物として油田から同時に生産されていた。したがって、ガスプロムは**ソ連石油工業省**の1部局として発足した。

しかも、1960年代半ばでもまだ世界最大のガス大国は米国だった。ロシアの前身のソ連がガス生産に向かうのは、独裁者スターリンの死後のことであり、従来は石炭の生産地をドイツに占領されていたことから、燃料としてやむを得ず利用されていたガスに注目

が集まる。こうして、新しいガス田の開発や主に首都モスクワに向かうパイプラインの整備が始まる。最初に開通したのはヴォルガ川流域のサラトフという都市とモスクワを結ぶ輸送ルートで、1950年代のことだ。

以後、レニングラードとモスクワを結ぶローカル・ラインやウクライナや中央アジアまでのパイプライン網が構築されていった。これにより、ソ連住民のエネルギー源は従来の木や石炭からガスが主体となっていく。また、60年代までには西シベリアや現在のトルクメニスタンのガス田が発見された。1983年までには西シベリア地区がソ連にとっての一大産地になった。

西側諸国へガスが輸出されたのも程なくしてのことで、1970年にはソ連は西ドイツのルールガス社との間でガスの輸出契約を取り付け、初のガスは73年に輸出された。ルールガスは現在はドイツの主要電力会社の**エーオン社**の傘下に入っているが、同社は外部のガスプロムの大株主である。80年代末までにはガス田開発・輸送網の整備も整い、ガス部門は独立し、**ガス工業省**となった。

ゴルバチョフ政権下のペレストロイカの一環として同省は1989年に天然ガス事業を統合する形で、ロシア語で「**ガス産業**」を意味する「ガスプロム」という国家企業体を設立した。やがてソ連崩壊後の92年に株式会社に移行する。技師から出世したガス工業大臣の**ヴィクトール・チェルノムイルジン**が新生ガスプロムの社長となった。チェルノムイルジンはロシア共和国のエリツィン大統領のもとで初代首相を努める大物政治家だが、61年にソ連共産党に入党して以来、一貫して天然ガスなどのエネルギー部門を専門にした。エリツィンには大統領への野心有りと見られ、仲違いしたものの、ガスプロムの初代会長には就任していた。ところが、プーチンの大統領就任による「国有企業改革」のさなか、プーチンの側近**ドミトリー・メドヴェージェフ**（のちの大統領）に取って代わられる。

なお、ガスプロムにかぎらず、ソ連のエネルギー産業は今も国家の影響下にあるといってよく、石油企業**ロスネフチ**の**イーゴリ・セチン**会長などもプーチンの盟友の「シロビキ」のグループだ。欧米企業に勝手に接近したユーコスのオーナーだった「オリガルヒ」のミハイル・ホドルコフスキーを追い落とした中心人物であると言われる。

プーチンの梃入れでロシアの戦略企業に

ガスプロムの経営体制は、90年代後半に襲ったロシア経済危機の影響も受けた。経済危機にあったロシアに対して、ＩＭＦが融資の条件として改革の圧力をかけた。国際交渉で

ロシアの天然ガスパイプラインとナブッコライン

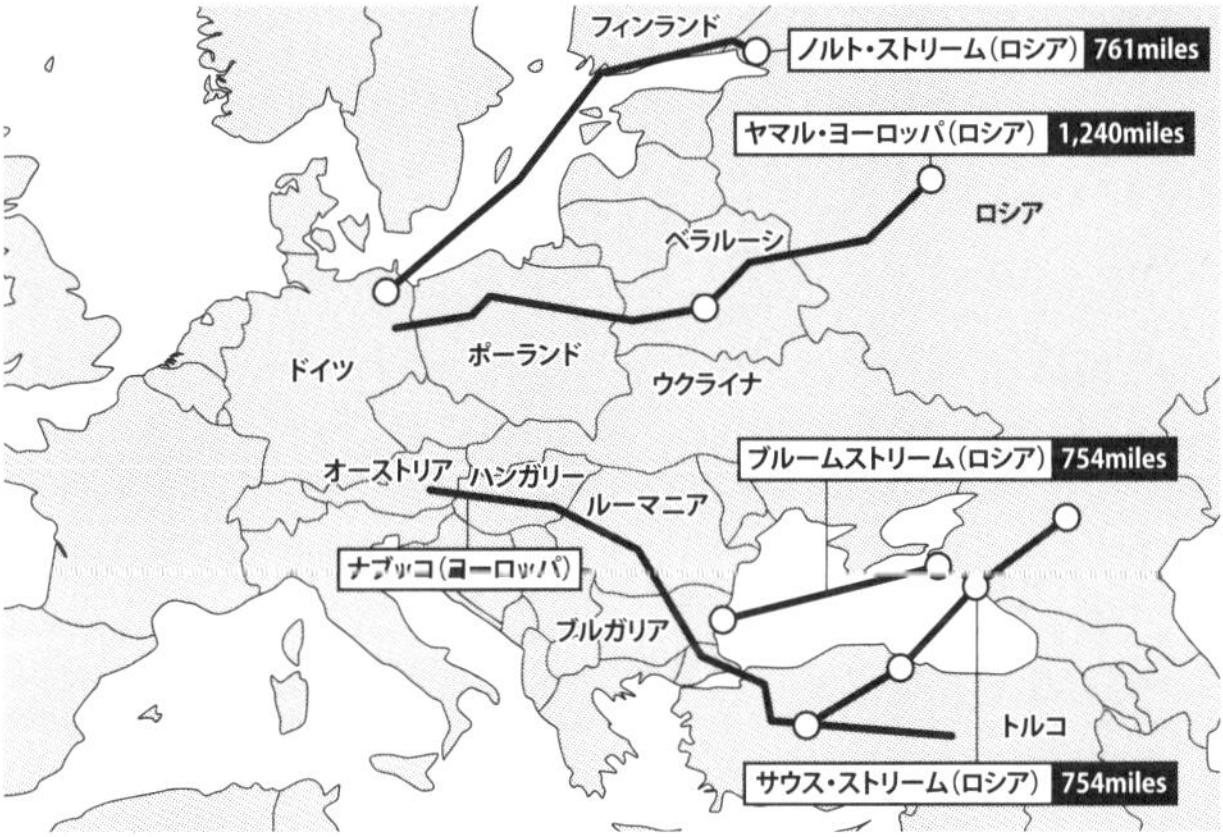

はロシア側が妥協を勝ち取り、非中核事業の売却だけで、ガスプロムは独占体制を防衛した。

国際企業の片鱗を覗かせるようになったのもこのころで、仏**トタル**などの企業とガスプロムはイランでのガス田開発を行い、アメリカを苛々させたこともあったほか、黒海経由でガスをトルコまで輸送する「**ブルーストリーム**」というパイプラインの構想もイタリアの石油会社**ENI**との間で動き出した。ロシアはガスの埋蔵量は世界最大級であるものの、欧米諸国の資源メジャーやその周辺企業に比べると、資金力と技術力では劣っていた。そのため、90年代はじめからシェルや仏トタルやイタリアのENIなどと提携していた。

プーチン大統領が登場してからは、天然ガスは没落したロシアを立て直すための戦略的な資源として活用されるようになった。ガスプロムの体制もプーチンの肝いりの人材で建てなおされることになる。まず、大統領府第一副長官だったメドベージェフ（現首相）が2000年6月に経営立て直しの責任者（株式売買自由化の作業グループの長）に任命された。ガスプロムは国が4割の株式を保有していたが、当時の生え抜き幹部に経営が牛耳られ、資産の横流しが行われていたという。そこで翌月にエネルギー省次官に任命された**アレクセイ・ミレル**現CEOとともに、メドヴェージェフ会長（2002年から）は（当然プーチンと二人三脚で）ガスプロム強化に乗り出すこととなった。

ガス部門では欧州との協力関係を強化、旧ソ連諸国に対する割安のガス価格を市場価格に移行させたほか、石油企業の株式も保有。05年9月に石油企業の**シブネフチ**を買収し、ガスプロムネフチと名称を改めた。

ガスプロムは巨大なガス会社であるが、輸送は主に長距離のパイプラインに依存している。これはロシアが「ユーラシア大陸」の中心に位置する帝国だからで、その点、輸送路をタンカーに頼る中東のもう1つのガス大国のカタールとは事情が違う。ガスプロムのガスは、トルクメニスタンやカザフスタン、ウズベキスタンの3カ国から輸入され、旧ソ連のウクライナやベラルーシの両共和国やポーランドを経由してドイツなどの消費地に送られている。そのため､西側に送られるガスの一部は旧ソ連共和国諸国でも消費されている。そのため、ロシアに対するガス代の未払い問題がウクライナなどで起きた。

これに加えて、04年にはウクライナでアメリカなどの協力によって起きた反ロシアクーデターのオレンジ革命が起き、ウクライナのユシチェンコ前大統領との間でプーチン政権との対立が起きた。さらに**06年には交渉がこじれたことで、真冬の1月にロシアからウクライナへのガス供給が一時遮断される事態が生じた。**背景にウクライナ側のガス泥棒や料金未払い問題があったが、「ガスプロムはガスを政治的な武器にして欧米諸国と地政学的な交渉を行う」というプーチン外交への警戒感が一気に広がった。なお、ガス価格をめぐっては、08年に武力紛争に至ったグルジアとも衝突があり、**中央アジア諸国はロシアではなくアゼルバイジャン産ガスを調達に切り替えている。**

対ロシアの対抗パイプラインの構想で最も有名なのは、トルコ、ブルガリア、ルーマニア、ハンガリー、オーストリアを通過する「**ナブッコ・パイプライン**」である。東欧、トルコ、ドイツの電力会社の出資で2017年開通予定である。これに対してもロシアは黒海を経由する**サウス・ストリーム**をイタリアのＥＮＩとの提携で走らせる予定だ。

シェールガス革命が及ぼす影響は？

　これまでガスプロムは長期供給契約を欧州諸国と結ぶことで安定的に収益を確保してきた。だが旧東欧の事態と並行して、ＥＵ諸国も旧東欧でのトラブルをきっかけに対ロシア依存を減らすためのガス調達先の分散化を模索している。しかし、今後、ガスが欧州国内で生産されるなどの大きな変化があれば別だが、対ロシア依存は続くだろう。

　ただ、問題はガスプロム帝国にはその「覇権」に挑戦する勢力が国外に次々と登場していることだ。その最たるものが、２０１１年ころから北米で起きている「**シェールガス革命**」である。シェールガスとは非在来型ガスと呼ばれ、地中深くの頁岩（シェール）層と呼ばれる岩石から採取される天然ガスのことだ。

　従来は採掘する手段がなかったが、近年、**フラッキング**という手法が発明されたことで、北米のアメリカ・カナダが一大産地になると予測されている。フラッキングとは水圧破砕法（ハイドロ・フラッキング）の略で、採掘坑に化学物質を混ぜた水を注入する方法。ただし、環境面の問題も指摘されており、もれた化学物質が地下水を汚染する危険性や、人工地震が誘発される可能性もある。

それでも、うまく実用化となればこのシェールガスはエネルギー安全保障の面での「ゲームチェンジャー」となる可能性がある。公算は未知数だがシェールガスはドイツ、フランス、東欧など広範囲に埋蔵すると見られており、中国も一大産地になる可能性がある。そうなると、ガスをテコに国力を拡大してきたプーチンのロシア再興の悲願はおぼつかなくなる。

ただ、北極海周辺の温暖化の影響で、この極地での資源開発が進んでいく可能性もある。バレンツ海の巨大ガス田「**シュトックマン**」では、仏トタルとノルウェーの**スタトオイル**が探査事業に加わっており、ガスプロムは合弁企業を設立している。同じくロシアは北極海の石油開発にも外資を招き入れるもようだ。北極海経済圏には沿岸国の米国、カナダ、ロシア、北欧諸国だけではなく、グリーンランドを経由して中国も関与を狙っている。北極海航路が確立すればガスプロムがタンカーでガスを輸出する可能性も出てくる。

また、**プーチンはサハリンや極東開発担当の閣僚ポストを新設しており、極東連邦管区のイシャエフ大統領全権代表が任命された。**ロシアは北極海経済圏の出現を視野に入れつつ資源開発も行っていくようだ。日本もサハリン2などのガス計画などで商社とガスプロムは合弁企業を組んでおり、極東開発の行方で大きな影響を受けるだろう。

参考資料：『ユーラシアブックレットNO. 111　ガスプロム』酒井明司・東洋書店　『ユーラシアブックレットNO. 125　メドヴェージェフ』大野正美・東洋書店　『ユーラシアブックレット72　現代ロシア政治を動かす50人』中澤孝之・東洋書店、The Economist他

シェブロン・コーポレーション

東電の原発事故を受けて「原子力の冬」が来るとも囁かれるが、フランスと日本を除く国々のエネルギー業界は「天然ガス・ルネッサンス」に向けて着々と準備していた。長らく米政界と太いパイプを持つ旧スタンダード帝国の一角を構成したシェブロンはジョン・ワトソン会長兼CEOのもと国内外でシェールガスや海底油田・ガス田の採掘権獲得に動いている。

【本社】米カリフォルニア州、サン・ラモン
【設立年】1926年（ソーカル社）
【従業員数】約6万2000人
【決算】12月末
【上場】NYSE:CVX
【経営陣】ジョン・S・ワトソン（会長兼CEO）、デイヴィッド・オライリー（前会長兼CEO）
【主要部門】上流部門（石油・ガス・シェールガス・GTL）、下流・化学部門、テクノロジー部門、再生エネルギー（地熱発電など）、OE（環境・安全）部門
【URL】http://www.chevron.com/
【時価総額】2058億3000万ドル

ロックフェラー帝国の一角を担う国際的エネルギー企業

シェブロンはロックフェラー石油帝国のうち、1926年に成立した「**スタンダード・オイル・オブ・カリフォルニア**（**SOC**）」とテキサス州のテキサコが母体になっている。米国内での原油の発掘は1859年にペンシルベニア州でキャプテン・ドレークが発見したことにより始まる。南北戦争後に本格化した石油採掘のブームに乗って一山当てようと、3人の起業家たちがカリフォルニア州で設立したのがパシフィック・コースト石油会社（PCO）だ。米東部に出現した**スタンダード石油**は78年にはサンフランシスコに進出、

ロッキー山脈以西の石油販売を主に行っていた子会社（スタンダード・オイル・オブ・アイオワ）が登場し、1900年にPCOを傘下に収め、06年にはSOCと改称する。この間、西海岸のリッチモンド製油所を完成させている。

知られているようにロックフェラー帝国は11年に連邦最高裁による反トラスト法違反の決定によって分割され、本社からの金融支援を得られなくなったが、豊富な送油網を生かし拡大路線を歩む。このころにすでに天然ガス採掘会社も子会社として設立している。

第一次世界大戦前に国際化を打ち出し、海外販売は28％を占めるまでにいたり、1914年のパナマ運河開通は西海岸やアジア主体の同社に米東部や欧州の市場へのアクセスを与えることになった。

ただ、**国際化の中でも最も特筆すべきなのはサウジアラビアへの進出だろう。**よく知られているように、1928年、スタンダード・オイル・オブ・ニュージャージー（今のエクソン）やシェル、アングロペルシャ石油（今のBP）、フランスのCFPの3社が現在のイラクで活動する場合、「トルコ石油」に資本参加しなければ参入できなくするという「赤線協定」というカルテルが結ばれていた。26年に**ソーカル**と改称した同社は、このカルテルに束縛されないサウジアラビアの原油開発に目をつけた。28年にガルフ石油（メロン財閥系）からサウジ隣国のバーレーンの権益を譲り受けた後、32年にサウジ初代国王のイブン・サウドとの間で36万平方メートルの地区の60年に及ぶ採掘権を得ることに成功、38年に初めて採掘に成功した後、第二次大戦後の48年には巨大な埋蔵量を誇る**ガワール油田**が発見された。この間、44年には**サウジアラムコ**を設立。これに戦後、他のロックフェラー系産油会社の資本参加を得て、設備投資を拡大させていく。ただ、このアラムコも1970年代のオイルショック後にはサウジ国有会社になっている。

なお、サウジとクウェートの国境周辺の中立地帯での採掘は今も子会社のサウジ・シェブロンが行っている。中東権益で勢力を拡大したソーカルは販売部門でテキサコと提携、36年に**カルテックス社**を設立しアフリカやアジア（主に日本）に国内外で産出する原油を販売していく。スマトラやベネズエラでも採掘を行ったがドル箱はやはりサウジだった。

OPECが設立された1960年代を経て、73年に石油危機を迎えたとき、サウジの**ザキ・ヤマニ石油相**がアラムコに参加の4社（ソーカル、テキサコ、エクソン、モービル）に呼びかけサウジ政府の25％資本参加を認めさせる「リヤド協定」を締結。

この時のソーカル側のトップはベクテル、ボーイング、シティコープといった米国の巨大企業の取締役会にも君臨し、秘密クラブ「ボヘミアン・クラブ」のメンバーでもあるテ

シェブロン　年表（その他のスタンダード石油の行方）

1911年	スタンダード石油が米独禁法違反で分割（34社に） ＊スタンダード・オハイオ、インディアナ ⇒現在のBPに吸収される ＊スタンダード・ニューヨーク、ニュージャージー ⇒現在のエクソン・モービル ＊スタンダード・カリフォルニア、ケンタッキー ⇒現在のシェブロン
1936年	テキサス・カンパニー（後のテキサコ）と折半出資でカリフォルニア・テキサス・オイル・カンパニー（通称カルテックス）を設立
1984年	ソーカル（旧カリフォルニア・スタンダード）がガルフ石油と合併しシェブロンに
2001年	シェブロンがテキサコを買収し、シェブロンテキサコに社名変更
2005年	社名をシェブロンに変更

キサス人の**ハロルド・ヘインズ**であった。その後１９８０年にはアラムコが完全国有化された。このことから米国はドルと石油をリンクさせる形で産油国を金融面でコントロールする方向に移行していく。

巨大な権益を失う形になったソーカルは体質を強化すべく、ジョージ・ケラー会長（ニューヨーク・タイムズ主筆のビル・ケラーの父親）時代の84年には、投資家のブーン・ピケンズとの間で繰り広げられたガルフ石油の買収合戦に競り勝った。**この時、社名をシェブロン（逆V字形の縦型の紋章のこと）に改名する。**また、巨大買収で言えば、オライリー前会長時代の２００１年に実現した、長年の関係を持つテキサコとの合併である。その足がかりは90年代に同社の経営トップとなり、現在はハリバートン社取締役のケネス・デールの時代に出来上がった。

90年代末にトップとなった**デイヴィッド・オライリー前CEO**は珍しくアイルランド人であり、ダブリンで石油化学エンジニアリングを学んだ大学時代にリクルーターに勧められて入社した。オライリーが会長になる前に担当した案件が93年に締結されたカザフスタンのカスピ海沿岸のテンギス油田の開発である。カザフに西側メジャーが出資したのは初めてのことである。オライリーはJPモルガンチェース国際評議会やピーターソン国際経済研究所、三極委員会など欧米のパワーエリート組織のメンバーでもある。

21世紀に入ってからも、同じくカリフォルニアを拠点とする**ユノカル**を05年に買収、社名をシェブロン・テキサコからシンプルにシェブロンと改称し、現在は**ジョン・ワトソン**が会長兼CEOの座にある。

米政界との太いパイプも大きな武器に

サウジ権益を握っていたこともあり、シェブロンは昔から政界とのコネクションが極めて強い。例えば、かつて取締役だった**コンディ・ライス元国務長官**。彼女の名前を冠した同社のタンカーがあったことは有名な話だ。シェブロンの元取締役の名簿には、サム・ナン元上院議員（シンクタンク米戦略国際問題研究所＝CSISの理事）や、外交通で知られたチャック・ヘーゲル元上院議員や、バンク・オブ・アメリカやメリルリンチの取締役であったサミュエル・アマコストがいた。

シェブロンの売上の半分は石油によるものだが、96年にNGC社（現・ダイナジー）と合弁を開始してから天然ガス開発にも積極的だ。最大の注目プロジェクトは**豪州の海底ガス田の「ゴルゴン」**。同社が47％、他にエクソン、シェル、東京ガス、大阪ガス、中部電力が出資している。また、当初は「シェールガスには慎重だ」としていたワトソン会長だが、今年2月には米国内でシェールガスの権益を持つアトラス・エナジーを買収。シェールガスはエクソンが11年、国内で権益を持つXTOエナジーを買収、中国での事業では国有企業との提携を欧米メジャーは検討している。

また、07年以来、北極海での油田・ガス田開発の機運も高まっており、関係8カ国の協議組織「北極評議会」での議論を背景に各社が権益の確保に躍起になっている。米系メジャーがどのように絡んでくるか注目だ。

中国3大国有石油企業の研究

中国の巨大国有企業は今も100社前後存在し、その株主である国有資産監督管理委員会（SASAC、国務院の一部局）の監視下にある。経営トップも中国共産党中央組織部が決める。ロシア同様、今も国家管理という特徴を持つ。スーパーメジャーに肉薄する生産量を誇る国有石油企業3社は外交政策の尖兵でもある。

中国石油天然気集団（CNPC、ペトロチャイナ）
【本社】北京市東城区安徳路16号洲際大厦
【設立年】1988年
【上場】海外上場子会社：香港（SEHK：00857）NY（NYSE：PTR）
【経営陣】蔣潔敏（董事長）
【URL】http://www.cnpc.com.cn/

中国石油化学工業公司（シノペック）
【本社】北京市朝陽区朝陽門北大街22号
【設立年】1998年
【上場】上海（SSE:600028）香港（SEHK:0386）NY（NYSE: SNP）
【経営陣】傅成玉（董事長）
【URL】http://www.sinopecgroup.com/

中国海洋石油総公司（CNOOC）
【本社】北京市東城区朝陽門北大街25号
【設立年】1982年
【上場】香港（SEHK：0883）NY（NYSE：CEO）
【経営陣】王宜林（董事長）
【URL】http://www.cnooc.com.cn/

1位CNPC、2位シノペック、3位CNOOC

中国の国有石油・ガス企業を生産額を基準に並べると、「**中国石油天然気集団公司**」（CNPC）とその上場海外子会社の**ペトロチャイナ**（天然気＝天然ガス）、続いて「**中国石油化工集団公司**」（**シノペック**）とその同名の上場海外子会社、そして、**中国海洋石油総公司**（**CNOOC**）がある。これとは別に海外上場していない「中国中化集団公司」(Sinochem）があるが今回は取り上げない。

まず、それぞれの社名に「集団公司」と「総公司」と違いがあるのに気づいて欲しい。

ジェトロアジア経済研究所の堀井伸浩氏の調査によると、前者は政策機能を分離された国有企業、後者は政策機能を遺した企業ということで、CNPCとシノペックも以前は「総公司」と呼ばれていた。中国の国有石油企業改革は、**1979年の改革開放政策と呼ばれる市場経済導入から始まった**。それまでは「国家計画委員会」と石油生産と販売を統括する省庁（燃料工業部、石油工業部、燃料化学工業部、化学工業部などの名称で変遷）が石油生産・販売に関わる決定を行い、生産現場に上位下達するという典型的な「計画経済体制」だったという。

まず、機構再編の対象によって設立されたのは、CNOOCで1982年のことである。石油工業部から**海洋油田開発（オフショア油田）の機能を移管**した。同じ年にシノペックも設立されたが、これは**石油精製や石油化学の機能（いわゆる「下流部分」）を移管**した。更に数年後の88年には、石油工業部が撤廃されて、**上流部分の生産部門をCNPCに移管**することが決まった。つまり、当初においては、国有石油企業は石油工業省からの「機能分離」で成立したわけだ。政策官庁である石油工業部が能源（エネルギー）部への統合によりなくなったために、総公司が政策機能を含めた企業活動を行う必要があった。純然たる民間企業とは異なり、経営効率だけを重視するわけではない特徴があった。

やがて各社の相互参入へと各社の独占的な地位を外す改革を行うことによって、できる限り一党独裁のもとで市場経済的な競争効果をもたらそうという方向性が出てきた。その改革の一環として98年に上流・下流の住み分けを行なっていたCNPCとシノペックの資産をシャッフルして、上下流一体型の企業に再編している。政策機能は「国家経済貿易委員会」や「国家計画系委員会」に行わせ、それぞれの企業を「集団公司」と名称変更した。

また、98年の改革に続き、2000年からその翌年にかけては、国有石油企業は相次いで海外市場への上場を果たしている。**いずれも国が100%保有する集団公司を親会社とし、その一部の優良資産を上場子会社に移管することで分離上場するというやり方だ。**

CNPCがペトロチャイナ、シノペックとCNOOCは同名の子会社を上場させている。株式公開割合はCNPCが全株式の10%、シノペック（20%）CNOOC（27・5%）である。当初、上場株式の少なからぬ割合は欧米メジャーによって取得されたという。中国の石油企業は外資の技術力に期待した面もある。この点でもロシアの国有企業と似ている。

当初、ペトロチャイナとCNOOCは欧米のエリート層を社外取締役に受け入れて外資へのアピールも繰り返していた。後者では**ヘンリー・キッシンジャー**元国務長官や現在はグレンコア会長の**サイモン・マレー**（当時は香港のハチソン・ワンホア社のCEO）や元

中国政府のエネルギー資源関連組織図（2010年12月現在）

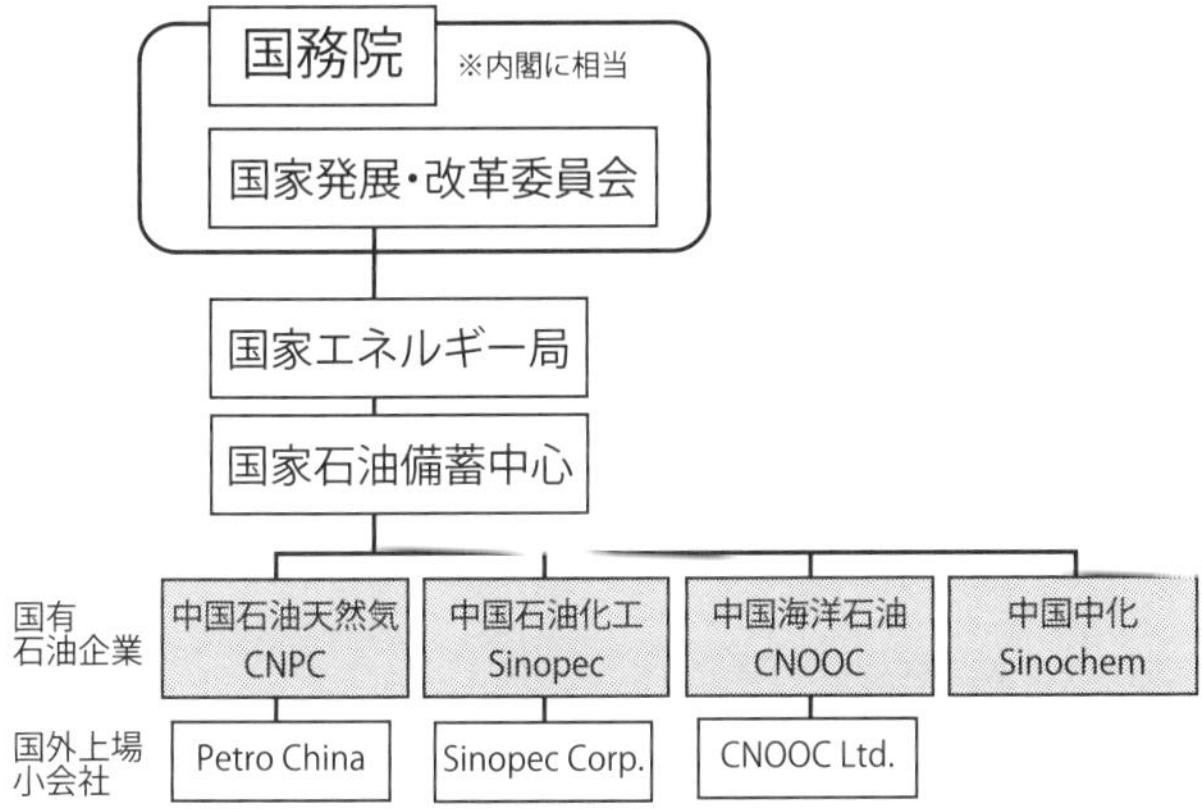

BP会長の**ピーター・サザランド**などを集めた国際諮問委員会を組織していた。この内、キッシンジャーはユノカルとも関係が深かった。しかし、CNOOCのユノカル買収に失敗したことで、国有企業の外資へのアピール欲が中国国内で急速に冷めていったことは否定出来ない。なお、現在もペトロチャイナの取締役会にはロスチャイルド・ヨーロッパ副会長でイタリアの石油会社ENI元総裁の**フランコ・バーナービ**が所属しているが、基本的には「国家主義」の志向が強くなった。

中国政府の外交政策と密接に連携

2003年に中国の産業政策の司令塔である「国家発展改革委員会」が発足したことに

ともない、同委員会内に「能源局」が設立され、従来の総公司が担っていた政策機能を担っている（前ページの図を参照）。指揮系統としては国有企業は「国家能源局」、その下の「国家備蓄中心」の下部に位置している。国有企業は国務院の国有企業の資産を管理するSASACの影響下にある。そのため、企業トップの人事は露骨にその株主である国の意向を受ける。ただ、人事を決めているのはSASACではなく、党中央組織部で、これが党幹部の人事から各地方の党の人事、企業の人事まで全部を差配する。各国有企業の重役室には「赤い電話」があり、党本部との連絡がいつでもできるようになっているという。

石油企業の人事については、米ワールド・セキュリティ研究所の詳細な研究がある。この研究は、2011年に突如行われた国有石油企業3社の人事再編の背景には、「縁故主義」、「米国式の〈回転ドア〉による人材交流」、「能力主義による企業統治の改善」、「企業間の競争の管理」といった4つの説明がされている。

それによると、まず、重要なのは**人事に影響力がある党中央組織部のトップ（中央組織部長）に一時期、いわゆる石油派の党幹部が就いていた**という点だ。具体的には、江沢民元国家主席の懐刀であった**曽慶紅**、現在、政治局常務委員の座にある**賀国強**である。また、政治局常務委員の現メンバーでは最大の石油派といえるのが、公安部門の責任者でもあり、最近失脚した薄熙来・重慶市党委書記の盟友であった**周永康**だろう。周は1988年に中国石油ガス総公司（CNPC）副総経理になっており、96年から98年までは同社の総経理も務めた筋金入りの石油利権派だ。

2011年にはシノペック、CNOOC、CNPCを動かしていた経営幹部らの人事異動が決定されている。まず、シノペック総経理兼党委書記であった蘇樹林が福建省知事（同省党委副書記）に、CNOOCの国際展開をリードしてきた**傅成玉**が、シノペック会長（同社党委書記）に横滑りしている。さらに、CNPCの副総経理だった**王宜林**が今度はCNOOCの会長（同社党委書記）に任命されている。前出の研究によると、傅成玉ら3人の裏側には石油閥の曽慶紅や周永康との人脈があるという。傅は80年代に曽慶紅（当時CNOOC副総経理）のアシスタントとして勤務していたと言われる。その曽は、周永康を80年代初頭に遼河油田で指導しており、曽の師匠は余秋里（99年没）という石油工業部出身で副首相、政治局委員、中央軍事委員会副主席にまで上りつめた人物だという。曽慶紅や周永康の権力の源泉には石油閥の利権構造があり、その影響下に3大国有会社のトップも置かれている。

ただ、個別の企業人事を見ていけば、傅成玉はCNOOCでの経営手腕を買われて、下流部門を抱えるシノペックの経営立て直しに起用されたことや、そのCNOOCトップに移動した王宜林が出世しているということもわかる。蘇樹林が政治に転出したことは、企業トップが政府高官になるという、アメリカ型の人事交流とも似ている。また、過去にCNOOCの総経理だった衛留成という北京石油学院卒の経営者がいるが、この人物は現在は海南省党委書記を務めるまでに出世している。

中国の石油企業は国有であるがゆえに、密接に中国政府が行う外交政策と連携を見せる。これが覇権国であるアメリカの議会の警戒感を呼び起こしている。国有石油企業の米国への投資は、2005年に問題になった、CNOOCのカリフォルニアのユノカル買収に対する米議会の大反発によって初めて大きな問題として認識されたといってよい。中国は豊富な資金力を背景に、技術力をもつ外国の企業を買収しようという戦略にでている。

また、急増する国内資源需要に戦略的に対応するために、中国は国内油田の老朽化を踏まえて、国有石油企業の海外権益確保にも積極的に乗り出している。胡錦涛体制でもアフリカ諸国に対する開発援助を積極的に行っていたが、これは資源権益の囲い込みを行うために、アフリカ諸国に対して資金を援助しているわけだ。協力の中心はイランやスーダンといった国々であるが、近年では北米の非在来型のオイルサンドやシェールガスの権益にも目を向けている。ロシアとも2010年にメドヴェージェフ大統領と胡錦涛国家主席の間で、「戦略的パートナーシップ」の強化の共同声明が出され、「中ロ石油パイプライン」の竣工・稼動式典も行われた。

それ以外にも、近年2010年以降だけでも以下のとおりに国有石油企業は権益を拡大している。

＊CNPC（カナダ・エンカナ社からシェールガス資産）

＊シノペック（スペイン・レプソルのブラジル石油事業の4割取得、コノコフィリップスのカナダオイルサンド事業など）

＊CNOOC（米チェサピーク・エナジーから米国内シェールガス権益の一部、BPのアルゼンチン権益の一部を現地企業と折半で取得など）

雑誌「フォーブス」の調査によれば、現在、CNPCの年間生産量440万バレル、シノペックが160万バレルという規模である。世界最大のサウジアラムコが1250万バレルということを考えればまだまだ弱小だが、エクソンの530万バレルには肉薄、BPは凌駕している。中国資源政策は国家の意思そのものである。今後も注目が必要である。

豪州資源企業 BHPビリトン&リオ・ティント

ブラジルのヴァーレと並んで現在、鉄鉱石の主要企業となっているのが豪州の「2強」が、BHPビリトンとリオ・ティントである。私達は学校の授業で各国別に鉱山の名前を覚えさせせられたことがあるが、その鉱山を保有する多国籍資本のことを知らない。2社は鉄鉱石、銅、アルミニウム、ニッケル、ウランの寡占企業だ。新興国台頭の中にあって欧米企業がしぶとく生き残っているのは、資源企業を金融が支配してきたからでもある。その歴史を探る。

鉄鉱最大手の2社はともにオーストラリア企業

ともにオーストラリアを主要な拠点とする、BHPビリトンとリオ・ティントは資源分野で並ぶ者のないグローバル企業だ。**その2社が一度2007年に、合併するのではないかと噂されたことがあった。**両社は一方のBHPが豪州を主体に発展し、一方のリオは紀元前から採掘されていたといわれるスペインの銅山にその歴史を遡る。実は2つの企業は、豪州のニューサウスウェール

リオ・ティントPLC
【本社】イギリス、ロンドン　2 Eastbourune Terrace／オーストラリア、メルボルン市　Level33,120 Collins Street
【設立年】1873年
【従業員総数】6万7930人（2012年）
【決算】12月末
【上場】二元上場会社:ロンドン証券取引所(RIO:LSE) オーストラリア証券取引所（RIO:ASX)、
【経営陣】ジャン・デュ・プレシス(会長)、トム*アルバネーゼ（CEO）
【主要部門】アルミニウム（旧アルキャン）・銅・ダイヤモンド・エネルギー・鉄鉱石・資源探査・テクノロジー&イノベーション
【関連会社】アイヴァンホー・マインズ（カナダ、51%保有）
【備考】フォーブズ2000（世界69位、2012年）
【URL】http://www.riotinto.com/

BHPビリトン
【本社】オーストラリア、メルボルン市　180 Lonsdale Street/
英国、ロンドン　Neathhouse Place
【設立年】1855年（BHP)、1860年（ビリトン）
【従業員総数】4万757人（2012年）
【決算】1月末
【上場】二元上場会社:オーストラリア証券取引所（BHP:ASX)、ロンドン証券取引所（BLT:LSE)
【経営陣】ジャック・ナッサー（会長）モーリス・クロッパース（CEO）
【主要部門】石油・アルミニウム・汎用金属（銅など）・ウラン・ダイヤモンド・ステンレス原材料・鉄鉱石・マンガン・石炭（製鋼・発電）
【備考】フォーブズ2000（世界49位、2012年）
【URL】http://www.bhpbilliton.com/

ズ州西端にある**「ブロークン・ヒル」という鉱山**にゆかりがある点で共通しているのだ。

まず、BHPビリトンは2001年に豪州のBHPと英蘭系のビリトンという2つの資源会社が合併して成立している。**BHPというのは「ブロークン・ヒル・プロプライエタリー」（ブロークンヒルのオーナー）の略**であり、そのブロークンヒルとはこの大企業の出発点である。同時に、リオ・ティントもかつてリオ・ティント・ジンク（RTZ）と呼ばれていた時に、同地にジンク（亜鉛）鉱山を保有していた。

ロスチャイルド系企業として知られてきた**リオ・ティント**の歴史も古い。同社は1873年に設立されている。創業の地はスペインのリオ・ティント銅鉱山であった。同社の資料によると、この鉱山の開発は紀元前750年にフェニキア商人が地中海で活躍していたとき以来のものだというから驚きだ。銀、銅、金を主に産出していた同鉱山は16世紀まで放置されていた。スペイン王室によって何度も開発が試みられていたが、資金と技術不足でどうにもならなくなって、国際競売にかけられることになった。この国際入札に応じたのが、英仏のロスチャイルド家やスコットランドのジャーディン・マセソン商会のロンドンにおける代理人である「マセソン・アンド・カンパニー」のマーチャント・バンカーらであった。以後、フランス資本は石炭・運輸・金融を、英国資本は鉄鉱石、銅鉱山を開発するようになった。鉱物資源はスペインの最も重要な輸出品となった。

初代会長はマセソン家の**ヒュー・マセソン**であったが、20世紀半ばのスペイン動乱の時代、1925年から1954年までは、リオがスペインを離れ世界に飛躍することとなる。この時期のスペインはフランコ将軍などの独裁政権の時代にあたり、第5代会長となったオークランド・ゲデス卿が、国内の混乱を避けるべく、「スペインでの新しい投資は避ける」と同時に、アフリカの植民地であった北ローデシアの銅事業にシフトした。

現地には英国資本だけではなく、すでにアメリカ資本も権益の拡大に関心を見せており、ロスチャイルドやオッペンハイマー家が支配するアングロ・アメリカンと組んで、リオは英国勢として団結を見せ、米国との争いに勝利する。リオはこのベルギー領コンゴ（現・ザイール）に隣接した北ローデシアでの銅企業を発展させ、スペイン国内の混乱による事業の不振をカバーした。スペインは第二次大戦には参戦しなかったが、経済的にも疲弊、フランコ将軍の支配下での戦後体制にもリオ社は苦しめられた。

当時、役員となったマーク・ターナー、ヴァル・ダンカンの2人はそれぞれ**銀行家**、**法律家出身**だったが、リオの鉱山を売却することでスペインからの撤退を実現させ、世界への進出の基礎を作り上げた中興の祖というべき存在である。この2人がリオを世界企業に

資源国オーストラリアの全体像

する過程で、合併にこぎつけたのが先に述べた、豪州「ブロークン・ヒル」の亜鉛や鉛の鉱山を有していたコンソリデーテッド・ジンク社であった。これが１９６２年のことでリオは以後、97年までＲＴＺを名乗ることになる。それと前後する56年にはリオは豪州クイーンズランド州でボーキサイトの開発にも乗り出す。

一方、**ＢＨＰビリトン**は１８８５年に母体となるＢＨＰが豪州ニュー・サウス・ウェールズ州で銀、鉛、亜鉛を生産する鉱山会社として誕生した。当時牧場監視人だったチャールズ・ラスプという人物が、鉱脈を発見し、幾人かの投資家を募ってメルボルン市に設立した会社である。20世紀初頭には同鉱山の枯渇を見越した経営陣は製鉄事業に進出することを決め、シドニー近郊のニューカッスルに製鉄所を建設（99年閉鎖）するなど、豪州における鉄鋼生産の独占地位を獲得した。

戦後、1950年代には日本経済復興期に合わせて需要が増えた鉄鉱石を今度は西オーストラリア州の現在も一大産地として知られる**ピルバラ地区**での開発を開始した。さらに60年代には、豪州大陸では発見されなかった石油・ガス資源を米技術者の協力によって、タスマニア島との間のバス海峡という地区で石油を発見することに成功した。米スタンダード石油と半々のベンチャーを組み、周辺海域での採掘を開始した。戦後の高度経済成長時代、日本の石油・ガス需要の一部を豪州の油田が担っていたことは意外に知られていないが、今後脱原発をすすめる日本は再び豪州のガスに依存することになるかもしれない。今も豪州は石油需要の7割を自給。石油他エネルギー自給率は200％を超えている。

一方、RTZも豪州での鉄鉱石開発をBHPに対抗するように始めた。これが66年のことで現地子会社であるハマーズレイ社によるピルバラ地区のマウント・トム・プライス鉱山の開発を行った。この鉱山で産出される鉄鉱石も主に日本に輸出された。**2007年現在の豪州の鉄鉱石輸出量は約2・7億トン。この半数が中国向けである。**

1970、80年代には両社独特の国際化の展開を見せる。BHPは主要事業を中心に買収を展開した他、当時流行していた企業乗っ取り屋の買収提案の防衛を強いられて企業を防衛することを強いられた。82年に企業乗っ取りを仕掛けたのは、当時、英国や豪州などで乗っ取りを仕掛けていた、ロバート・ホームズアコートという南ア生まれの投資家だった。今では名前も知る者も少ない投資家だが、当時はオッペンハイマー家とのつながりが囁かれたほか、資源企業やメディアを次々に買収して恐れられた。結局は、1987年の米株価暴落の影響を受けて買収した株式をBHPに譲り渡す羽目になったが、この時、ホームズアコートが「モノを言う株主」として要求していたのが、**コストと価格面で低迷していた鉄鋼部門の合理化であった。以後、BHPは同部門の合理化をすすめることになり、最終的には2002年は部門からの撤退を完了させている。**

また、中核事業を強化すべく、米国のGE子会社が保有した鉱山の買収を行い、豪州・米国での石炭、ブラジルの鉄鉱山、カナダやチリの銅鉱山の権益を確保した。この内、チリの**エスコンディダ銅山**は現在も収益源になっている。また、70年代には英蘭系の石油企業シェルと組んで西オーストラリア州北部の沖合での天然ガス開発を始めた。今も化石燃料はBHPの主要事業である。

ただ、RTZは非中核的事業と位置づけたセメント、化学、石油部門の売却を行なっている。89年には英石油企業のBPの非中核事業である鉱物資源部門であるBPミネラルを買収し「選択と集中」を実施した。**企業が買収を繰り返すことで、無駄な事業を抱えてしまうことはよくあることで、これを合理化できるかどうかが、経営者の決断力の決め手になるといっていい。**

BHPビリトン誕生

しかし、**買収事業の失敗があったとしても、それをカバーするためにさらに埋め合わせるような買収を行うというリカバリーの仕方もある。**まさにそのような経緯で誕生したのがBHPとビリトンの合併劇だったといっていい。95年にBHPは米国の銅事業を買収したが、銅価格急落の影響を受け、98年は赤字、99年にはこの銅山の閉鎖を決定。この結果同社は23億豪州ドルという同国史上最大の損失を計上し、経営危機に陥った。

BHPはここで同業他社である米国のデューク・エナジーCEOだった**ポール・アンダーソン**を招聘した。ここでアンダーソンはさきにも述べた製鉄（製鋼）事業からの撤退という改革を完了させた。さらに、一方で中核事業である鉱業の規模を拡大・強化するべく、ビリトン社との合併を成功させた。アンダーソンは、「将来は資源メジャーは3～4

社に統合される」と予言したことが知られており、まさにそのとおりになっている（日本メタル経済研究所・小林浩を参照「ＢＨＰビリトン：世界最大の総合資源企業の誕生」）。

その合併相手となった**ビリトン**とは19世紀後半にオランダ・ハーグに設立された鉱山会社で、もともとインドネシアのビリトン島の錫資源開発を行ったことからその名前がついた。同社はオランダに錫精製工場を建設運営していたが、20世紀半ばにはインドネシアなどのボーキサイト採掘に鞍替えしたため、アルミ生産を主業に転換する。１９７０年には英蘭系のロイヤル・ダッチシェルに買収されたが、１９９４年に南アの資源企業であるゲンコア社に買収された。同社が90年代後半に機構改革をした結果、投資会社のゲンコア社、貴金属部門のゴールド・フィールズ社、そして鉱物企業の3社に分割され、このうちの鉱物企業がやがてむかしのビリトンに名前を戻すという経緯になっている。**中核事業はボーキサイト、ニッケル、燃料用石炭の「非鉄事業」であった。このビリトンと鉄鉱石や石油を主体とするＢＨＰが合併すれば、事業の重複もなく、理想的といえた。**

そこに目をつけたのがＢＨＰのポール・アンダーソンＣＥＯであり、元ゲンコアのビリトンＣＥＯの**ブライアン・ギルバートソン**だった。なお、当時のビリトンのギルバートソンの部下が今はスイスの資源企業**エクストラータ**（資源商社グレンコアが大株主である）

の現ＣＥＯの**ミック・デイヴィス**である。そして、この２人の尽力により、２００１年にメルボルンとロンドンの２本社体制で従業員５８０００人の新会社ＢＨＰビリトンが誕生し今に至る。新体制は会長にＢＨＰ出身のドン・アーガス、共同ＣＥＯに合併の立役者２人が就任するというものだが、合併翌年にアンダーソンはなぜか退任している。

新会社はこの間にも同社は重要な買収を行っている。05年の豪州の世界最大と言われる**ウラン鉱山オリンピック・ダム**を保有していたＷＭＣリソーシズの買収である。対抗してきたエクストラータを封じ込め、世界最大のウラン企業になることに成功した。買収劇の指揮を取ったのはＢＨＰ出身の**チャールズ・グッドイヤー**新ＣＥＯであった。グッドイヤーは米イェール大学で地学・物理学を学び、ビジネススクールを出た企業買収・合併を専門にする**銀行家**であった。もともとリオ・ティントは英シティの銀行家とのつながりが強かったのだが、21世紀になってＢＨＰビリトンもウォール街との連携を見せ始めた。

中国でトラブったリオ・ティント

リオティントも重要な買収を行っている。それは２００７年に、カナダのアルミニウム企業である**アルキャン**を手中におさめたことである。この買収はもともと米アルコアが同業のカナダのアルキャンに敵対的買収（270億ドル）をしかけたのだが、リオはこれに競り勝った。新子会社は**リオ・ティント・アルキャン**となり、これによりリオの08年の売上高のトップがアルミ事業、2位が鉄鉱石事業という比率の変動が生まれた。この買収を担当したのが07年に就任したばかりの現CEO**トム・アルバネーゼ**だった。

ただ、アルミ事業を買収したことでかかえこんだ多額の負債を圧縮するために資産の売却も行っている。この状況に目をつけたのが、新興大国である中国の**中国アルミ業公司（チャイナルコ）**だった。もともと中国アルミは米アルコア社と合弁でリオの株式に投資するための専用会社を設立しており、リオの12％の株式を保有していた。

当時はBHPが一時、リオに買収提案を持ちかけていたが、今度は中国アルミがリオへの最大18％の大株主になりうる出資提案をしてきた。そのため、中国企業の豪州の本格的進出に対しての懸念が急に高まり、リオは中国アルミに違約金を支払うことで話を収め、一方で、同国のBHPとの鉄鉱石部門での提携を見せるスタンスを取った（だが、この提携も結局、独禁法上の理由で実現していない）。

問題は、この後、2009年7月から8月にかけて、中国の検察当局が、リオの社員4人を産業スパイと贈賄の容疑で正式に逮捕したことである。**中国アルミがリオに192億**

ドルを出資する計画がリオ側によって破棄された後に事件が起きていることから、中国側による〝報復行為〟との見方も強い。以後、豪州の中国の対外政策に対する警戒感が急速に増していった。中国通と言われたケビン・ラッド前首相ではなく、より欧米よりの女性宰相ギラード現首相が権力闘争に勝利したのはそのためである。

中国でのリオの〝失敗〟を横目に見ながら、一方の雄、BHPビリトンは2010年夏には、化学肥料の原料となる炭酸カリウム（ポタシュ）の主要企業であるカナダ・サスカチュワン州の**ポタシュ・コーポレーション**への買収提案を仕掛けるが、買収提案額が低すぎるという理由で拒否されている。当時、肥料業界は再編の時期にあり、ロシアでも大きな合併があり、一方、ブラジルのヴァーレも米穀物メジャー、ブンゲの肥料部門を買収する動きがあった。しかし同時に各国で資源ナショナリズムが台頭した時期でもあった。それが災いしたのだろう。

モンゴルを視野に入れるリオ、シェールガスで北米に目を向けるBHP

ただ、北米ではBHPはシェールガス事業の買収には成功している。BHP子会社は2011年に、米国のエネルギー企業であるチェサピーク・エナジーからアーカンソー州の一部シェールガスの権益を買収（47・5億ドル）している。

この流れが続けば、当面は世界最大の鉱物資源企業はＢＨＰ、ついでリオ・ティント、ヴァーレという「ビッグ3」が定着していくだろう。一方で凋落気味なのが南アのオッペンハイマー一族の**アングロ・アメリカン**である。これを追う形でスイスのエクストラータや中国の石炭企業である**神華能源**（**China Shenhua Energy**）が来る。

現在、リオが熱心に進めているプロジェクトはほぼ過半数出資しているカナダの鉱山大手の**アイヴァンホーマインズ**が09年に締結した巨大な金・銅鉱床「オユトルゴイ」のモンゴル開発プロジェクトである。

中国大陸（モンゴル）に進出するリオと、中国大陸はあくまで市場と割り切るＢＨＰビリトン。2つの覇者の戦略のどちらが功を奏するのか。リオのアルバネーゼＣＥＯとＢＨＰの**モーリス・クロッパース**ＣＥＯの競争はまだ続く。

主な競合企業（鉱物資源　Diversified Metals & Mining）

豪：BHPビリトン（10位）、ブラジル：ヴァーレ（56位）、英：リオ・ティント（69位）、スイス：グレンコア・インターナショナル（99位）、中国：中国神華能源（126位）、スイス：エクストラータ（132位）（参）日本：住友金属鉱山（770位）

ヴァーレ

有力新興国ＢＲＩＣｓの一角を構成するブラジル経済。五輪開催などが確定し、消費経済の拡大による中流層の厚みは徐々に増しているが、依然として資源などの一次産品輸出に依存している。前十年に進展した中国への資源輸出と米金融緩和によるグローバル投資への依存がもたらしたブラジル経済の発展の停滞は資源企業ヴァーレや国営石油企業ペトロブラスの行方も左右し始めている。

【本社】 ブラジル、リオデジャネイロ市
【設立年】 1942年
【従業員総数】 7万9646人（2012年）
【決算】 12月末
【上場】 BM&FBOVESPA（VALE3-ON）
【経営陣】 ムリロ・フェレイラ（CEO）過去の著名経営陣：ロジャー・アニェリ前CEO
【主要部門】 鉱業（鉄鉱石、ニッケルなど）、肥料、製鋼（独ティッセンクルップと提携）、ロジスティクス（鉄道、港湾、海運）、エネルギー（水力、天然ガス、バイオディーゼルなど）
【備考】 フォーブス2000（世界56位、2012年）
【URL】 http://www.vale.com.br/
※株式保有構造に特徴　主要株主（普通株）：（1）Valepar（54.1%）（2）ブラジル開発銀行（ブラジル政府）（6.9%）※Valeparの第3位株主には、三井物産（18.24%）が含まれる。Valeparはブラジルの法律に基づく特定目的会社であり、Valeの株式を保有することのみを目的にする。Valeparの株主（21%）であるBradesparも同様の特定目的会社。

成長著しいブラジルの世界的鉄鉱石産出企業

フォーブスの世界企業ランキングでブラジル５位（世界56位）となっているヴァーレは主に鉄鉱石採掘・輸出を手がける企業だ。今や、ＢＨＰビリトンやリオ・ティントのような欧米諸国に伍する規模を持つ「鉱物資源企業ビッグ３」に成長した。ヴァーレはもともとはブラジルの国有企業「コンパーニャ・ヴァーレ・ド・リオ・ドセ」（ＣＶＲＤ）と呼ばれてきた。**ブラジルの最大の資源埋蔵を誇る、ミナス・ジェライス州の鉱山を流れる川の名前が「リオ・ドセ（優しい川）」と呼ばれ親しまれていることにちなんでいる。**ちな

みに**ヴァーレとは「谷」の意**である。民営化が97年で、名称変更が2007年である。

ブラジルは北部にアマゾン川流域の森林地帯があり、首都のブラジリアや鉄鉱石の一大産地であるミナス・ジェライス州は南東部に位置し、同州は2番目に人口が多く広大な面積を有している。もともとこの地域ではポルトガルの植民地時代に金鉱山が発見され、その後も多数の宝石が算出されたことから「宝石の鉱山（ミナス・ジェライス）」と呼ばれた。近年、同州はヴァーレや、日本と合弁で設立された**国有製鋼企業ウジミナス**の製鋼所があることで新たに注目を集めている。

ヴァーレの原点は、同州にある**イタビラ鉄山**を開発する会社にある。この地の鉄山の開発に目をつけたのが、ドイツ生まれでイギリス育ちの**アーネスト・カッセル卿**という金融投資家だった。カッセルの会社が鉱山権益と開発中の運搬用の鉄道の権益を取得、鉄山開発、製鋼、輸出を一挙に手がけることを目論んだ。これが1911年のことで、数年後には権益をカッセルは英国金融家やアメリカの実業家に売却する。当時のブラジル政府が外資が参入しての開発を嫌がったため、投資に見切りをつけたというのが真相だ。ブラジルの資源ナショナリズムは今も根強い。投資への障壁としてもよく指摘される。一般的にも新興国が先進国の資源企業のノウハウを導入する場合には、必ずといっていいほど、権益の割合や利益配分で資源国政府と揉める。

戦時中の1942年にリオドセが設立された。**戦争遂行用の物資としてアメリカやイギリスなど連合国に鉄鉱石を供給する国有企業としてのスタートである。**翌年には鉄鉱石を港湾に輸送する鉄道がアメリカの支援もあって開通した。この時すでにリオドセはブラジルの鉄鉱石輸出の8割を担っていた。戦後もアメリカの裏庭として冷戦体制の元で位置づけられたブラジルはアメリカの支援を得やすい構図が生まれ（日本と同じである）、米国の政府系開発銀行（輸出入銀行など）の支援で、鉄鉱石輸出体制のボトルネックとなっていた鉄道建設支援が行われた。

そして、今やイタビラに変わってヴァーレの主力鉱山となっているのが、「**カラジャス鉱山**」である。カラジャスはアマゾン中央部に位置するパラー州にある。ヴァーレは2002年以来、中国向けの鉄鉱石輸出を5倍に増やし、その量は07年に1億トンに達した。中国の需要はヴァーレが輸出する鉄鉱石の約4割を占めている。

同州では鉄鉱石だけではなく、マンガン、銅、ボーキサイト、ニッケル、金なども産出される。これらの鉱山を発見したのはアメリカの製鉄会社による調査がきっかけだった。このアマゾン中央部の資源開発はヴァーレ主導で行われたが、1986年に北部港湾を結

鉄鉱石の一大産地ブラジル

ぶ鉄道の開通によって本格化した。80年代初頭にはリオ・デ・ジャネイロでのアルミニウム精製にも乗り出し、業務と活動範囲を多様化させている。アマゾン流域の水力を利用した水力発電所の建設によって、アメリカのアルコア社や欧州系のビリトンもアルミニウム精製に参入した。

鉄鉱石の安定供給のためには、消費者は鉱山会社と長期契約を結ぶ必要がある。これは産出国企業にとっても安定した収益を確保する手法として1960年代から利用され続けている。ただ最近では、ヴァーレは資源高を理由に長期契約ではなく資源価格の上昇がすぐに反映されるスポット価格を希望することも多くなった。しかし、これは資源価格下落時の長期不況時には逆に資源国に不利になりかねない仕組みでもある。今の世界景気後退でも鉄鉱石価格が下落している。２０１２年６月段階で１トン１３０ドル周辺の価格帯であるが、これが金融危機後の２０１１年には１８０ドル台後半まで上昇した。１９８０年台には10ドル台前半だったが、中国需要の拡大で２０００年台に一気に10倍以上の価格上昇が生まれた。

ブラジル政府が人事に大きく関与する国策企業

さて、ヴァーレの経営陣に顔が見え始めるのは、97年、カルドゾ政権下で行われた民営化以後と言ってよい。ただし、国営時代にも、現在のブラジルの最大の富豪である**エイケ・バティスタ**の父親で、日系ブラジル人社会とも人脈があった、**エリエゼル・バティスタ**が社長を務めていたが、基本的には顔の見えない企業だった。

ヴァーレの民営化において重要な役割を果たしたのは先に民営化されていた元国有製鉄会社ＣＳＮであり、ブラジル政府が保有していたヴァーレの普通株の４割をＣＳＮ中心の企業連合が買収することになった。当時、ＣＳＮを支配していたのがブラジル国内で有名な投資家であるベンジャミン・スタインブルックが中心となった「**Valepar**」というグループだ。同グループは現在もヴァーレの主要株主である。当時はValeparには、スタインブルックの他、ブラジル銀行年金基金など4大年金基金、ブラジル民間銀行Bradesco（現在はイタウ・ウニバンコに次ぐ第2位）や、ジョージ・ソロスの率いるファンドも加わっていた。

しかし、スタインブルックはヴァーレとCSNの双方を支配しようとしたものの多角化投資が失敗したことで失脚。現在はCSNに特化しているようである。結局、現在は年金基金や政府系投資会社で構成するLitelという株式保有を目的とした会社（49％）や三井物産（18・24％）などがValeparの主要株主となっているが、**全体から見ればヴァーレの普通株は約38％を保有する機関投資家や民間投資家を除けば、政府系の株主やブラジル開発銀行（BNDES）によって支配されている。やはり国の指導の元で発展している国策企業というのが真相だ。**

そのため、ヴァーレの経営陣は政府が変わるとその影響をモロに受ける。その端的な例となったのが、ルラ前政権から現在のジルマ・ルセフ政権への移行時に、ヴァーレと国営の石油企業のペトロブラスのトップが入れ替えられたことがあげられる。世界不況の進行によって海外に投資するよりも国内での投資を求める声がブラジル政府内に強まり、資源企業が国に収める納付金の増額を求める声が高まった。ところが当時のCEOだった、**ロ**

ジャー・アニェリ（1959年生）は、海外投資を積極的に進めてきた。アニェリは、もともとヴァーレの株主であった、Bradesco銀行にいたが、民営化後に株主の間でCEOに選ばれた。2006年にカナダのニッケル企業、インコを買収して一気に話題を集めたり、09年にタイム誌で「最も有力なブラジル人」の1人に選ばれた。

ところが、経営方針をめぐってグイド・マンテガ財務大臣と対立。アニェリはマンテガの圧力を受けた株主会によって再任を阻止された。その結果、現在の経営トップに来たのが、ミナス・ジェライス州出身で、もともとヴァーレに2008年までいた、投資家の**ムリロ・フェレイラ**という人物であった。一方でペトロブラスのCEOも現政権よりに替えられており、ブラジルの資源企業は元々の出自である「資源ナショナリズム」によって自己防衛に入ろうとしているように見える。

先に触れたブラジル富豪のバティスタは、アニェリ時代には、一時はヴァーレの株主会に参加するべく株式の取得を自己の経営する資源総合インフラ企業EBXを通じて検討していたこともあったが、結局撤回している。ブラジル国内の投資によって一大帝国を築いてきたEBXが再び、父親が経営トップにあったヴァーレの大株主として返り咲くのか。最大の鉄鉱石の消費国である中国の動向とあわせて注視するべき点だ。

ジャーディン・マセソン・ホールディングス（JMH）

日本でも何度となくテレビドラマとして映像化された明治維新の立役者坂本龍馬の生涯。その龍馬が長崎で出会った英国武器商人がトーマス・ブレイク・グラバーだ。そのグラバーが所属していたのが「ジャーディン・マセソン商会（JM）」である。1832年の創業から2012年で180年。この巨大商社はロスチャイルドとも関係が深く、今も中国本土からインドに至るまでアジア経済全体に隠然たる影響力を保っている。

【本社】バミューダ諸島ハミルトン（登記簿）、香港・ジャーディンハウス（主たるオフィス）
【設立年】1832年、中国・広州
【主要拠点】バミューダ、香港、インドネシア、中国、マレーシア、オランダ、フィリピン、シンガポール、英国、ベトナム、台湾、タイ、フィリピン
【従業員総数】249,711名（FORTUNE）
【上場】シンガポール（J36:SES）他
【経営陣】ヘンリー・ケズウィック卿（会長）、A. J. L. ナイチンゲール（マネジング・ダイレクター）
【主要部門】商社、自動車、保険、不動産、小売、ホテル、建機等
【主要子会社】ジャーディン・ストラテジック（J37:SES）、ジャーディン・マセソン
【備考】フォーブス2000（世界第170位、2012年）
【URL】http://www.jardines.com/

アヘン、武器などを動かす貿易商から巨大商社へ

英国と植民地の貿易は長らくイングランド国王が認めた「イギリス東インド会社」に独占されていたが、1834年にそれも終わりを告げた。同社に代わって台頭してきたのが、**ジャーディン・マセソン商会**（**JM**）であり、インドを拠点に中国進出したユダヤ系の**サスーン財閥**であり、リバプール出身の**スワイヤ財閥**であった。

JMの創業者は、かつて東インド会社の船で医師として働いていた、スコットランド人

の**ウィリアム・ジャーディン**である。彼は中国・広東でジェイムズ・マセソンと知り合う。当時、イギリスは中国からお茶やシルクを輸入する一方でインド産のアヘンを中国に輸出していた。これに対して清帝国はアヘン禁止の強硬策に出るが、その結果アヘン戦争が起きている。この時、ジャーディンは自らの中国大陸における権益を守るためにイギリスのパーマストン首相に対清強硬論を訴えるロビー活動もしている。

アヘン戦争の結果、英国は清王朝からは香港島を租借することに成功した。第二次世界大戦中を除いては、JMはヘッドオフィスは香港の**「ジャーディンハウス」**に現地本部を構え、活動を続けてきた。幕末の1859年には、横浜に、次いで神戸、長崎に事務所を開いている。幕末の動乱にJMは武器商人として深く関わった。龍馬を操ったグラバーは、やがて三菱財閥の生みの親となる岩崎弥太郎とも深く関わることになる。吉田健三（吉田茂・首相の養父）はJM横浜支店長でもあった。

JMの日本進出を果たしたのは、1843年に亡くなっていたジャーディンの姉の子と結婚して閨閥を作り、同62年にはパートナー（共同出資者）となった、**ウィリアム・ケズウィック**である。1906年に株式会社に改組されたとき取締役の1人として本格的に経営に関わっていく。現在は5世代目となるケズウィック家こそが、今もJMHを率いるファミリーである。同社の歴史は創業者の歴史ではなく、**別名「大班」（タイパン）と呼ばれてきた、ケズウィック家の歴史と言っても過言ではないのだ。**

ウィリアムの弟であるジェイムズ・ジョンストン・ケズウィックは、兄と一緒に香港立法参事会のメンバーとして行政にも参画するが、重要なのはJMの戦後事業の中で重要な位置を占める不動産事業の**「置地公司」（ホンコンランド）社**を設立したという点だろう。この会社は1980年代には長江実業を率いる香港財閥の**李嘉誠（リ・カシン）**や「東洋のオナシス」の異名を取る、海運王の**包玉剛（パオ・ユイカン）**を巻き込んでJMの経営権を巡る争いの舞台に発展していく。同社は現在もJMの主要子会社である。

JMはウィリアムの息子のヘンリーの代を経て第3世代を迎える。彼らが入社するのと時をおかずして日本の大陸進出が本格化した。JMは香港だけではなく上海など中国本土の複数の都市に進出（中国名は、**「怡和洋行」**）し、日本軍の進出で一時撤退を余儀なくされている。一族のトニー・ケズウィックとジョン・ケズウィックは戦時中は英国軍の諜報部門や、英のマウントバッテン提督の側近としても活動している。戦後は中国共産革命の影響を受けるが、JMは広東省を通じて本土との交易を維持した。

第二次世界大戦終了時にはすでにケズウィック家はマセソン家の持ち分は買収していた

ジャーディン・マセソン　グループ企業一覧

＊ジャーディン・パシフィック（建設・運輸・レストラン・ITサービス）
＊ジャーディン・モータース（香港・マカオ、英国、中国南部の自動車販売）
＊JLT（保険・再保険ブローカー）
＊ジャーディン・ストラテジック（ジャーディン・マセソン株などグループ株を保有）
＊ホンコンランド（香港の商業不動産）
＊デイリー・ファーム（コンビニエンスストアやスーパー、レストラン）
＊マンダリン・オリエンタル（高級ホテル経営）
＊アストラ・インターナショナル（インドネシアの自動車、重機事業）

が、50年代後半にはジャーディン家からも権益を買い取ることとなり、61年にＪＭは株式上場を果たす。

中国における文化大革命の争乱も終わりを迎えつつあった72年、第4世代が「大班」（マネジング・ダイレクターのこと）としてデビューする。それが、現在も会長を務める**ヘンリー・ケズウィック**（61年入社）である。その弟の**サイモン**（同62年）も現在の取締役会メンバーだ。ただ、この3年後には、若いヘンリーに変わって、ファミリー以外の「大班」として、デイヴィッド・ニュービギングなる人物が登場する。しかし父親がＪＭ取締役だった関係で入社した人物である。この時期に先に述べた李嘉誠らの仕掛けた「乗っ取り合戦」が起きており、収益面でも苦しい時代を迎えていた。

結局、83年にサイモンが復帰してケズウィックの支配に戻るが、この後は「大班」には同家以外からの登用も普通になった。一例を挙げれば、シティグループの上級顧問であったアラスデア・モリソンや、現在のマネジング・ダイレクターの**アンソニー・ナイチンゲール**がそれに当たる。

サイモン・ケズウィックは84年には、香港返還を前に「返還後も英国の法体系下での経営基盤を維持する事が必須だ」と述べ、それを理由に法人登記を香港から英領バミューダに移している。これは97年に香港が中国に返還されたあとの中国の企業政策に対する懸念を述べたものである。**91年には、主たる上場をロンドンに移し、94年にはアジアの上場をシンガポールに移してしまった。現在はシンガポール証取が主たる上場となっている。**現在の経営陣にはヘンリーやサイモンの第4世代に加え、すでに第5世代のアダムやベンジャミンのケズウィック一族が加わっている。

欧州、アジア各地のネットワークが武器

JMHの実像は、網の目のように貼られた子会社との関係を調べることで分かってくる。現在は持株会社であるJMHを中心にその株式を53％保有（JMHは81％保有）の子会社、

ジャーディン・ストラテジック（ＪＳＨ）がある。他の子会社としては、ジャーディン・パシフィック（建設、港湾・空港貨物、レストランなど）、ジャーディン・モーターズ（自動車ディーラー）、ＪＬＴ（ジャーディン・ロイド・トンプソン、船舶保険や再保険）がある。

また、ＪＳＨの子会社としては、前出の「置地公司」（不動産）や、アジアに限らず世界中に展開している**「マンダリン・ホテル・グループ」**、ＪＣ＆Ｃ（自動車販売・シンガポール）やさらにその子会社の**アストラ・インターナショナル**（インドネシア）がある。

その他、ＪＳＨの子会社には「ディリー・ファーム」があるが、同社は乳製品販売からスタートし、今では香港のセブン-イレブンやレストランの「マキシム」、家具の「イケア」まで幅広く運営している会社であり、グループの稼ぎ頭である。

さらに、人脈面で特筆すべきは、あのロスチャイルド家との関わりである。ＪＳＨは、スイスにある同家の持株会社である**ロスチャイルド・コンティニュエーション（ＲＣＨ）**の株式を21％保有している。ＪＭのウェブサイトでは２００５年に成立したこの提携を「１８３８年以来の関係が復活した」と解説しているのにも注目したい。

第5世代のアダム・ケズウィックは、01年にＪＭ入社する前はロンドンのＮＭロスチャ

イルドで勤務していており、ＪＭＨの取締役の１人、リーチ卿はＲＣＨやＪＳＨ傘下の複数企業の取締役でもある。

ＪＭＨは90年代にインドの**タタグループ**との提携を深めていたが、09年前半にジャーディンからタタ・サンズの取締役に加わっていた人物が引退。株式を売却したと報じられている。

変わって、今年6月10日には、ＪＭＨは今度はロスチャイルド社やイタリアのアニェリ家の金融部門であるＥＸＯＲと提携してインドと中国への合計1億ドル投資計画で合意したと発表された。ＥＸＯＲの会長はフィアット社の会長の**ジョン・エルカーン**だ。

このように、ジャーディン・マセソン、いやケズウィック家は、ロスチャイルドや欧州の実力者とのネットワークを駆使し、19世紀同様に21世紀の現存もアジアのカギを握るだろう。

グレンコア・インターナショナル

2011年5月、長らく非上場を貫いてきた資源商社のグレンコア・インターナショナル（GI）がロンドン市場に上場したが、25年ぶりに上場と同時に株価指数「FTSE100」の構成企業に組み入れられたことが大きな話題を呼んだ。ユダヤ人大富豪のマーク・リッチが設立した同社は世界数十カ国をまたにかける「資源界のゴールドマン・サックス」。ロスチャイルドと組んで世界制覇を目指す――。

【本社】 スイス・バール
【設立年】 1974年
【従業員数】 2700人（販売）、5万4800人（鉱山労働者など）
【上場】 ロンドン証券取引所（GLEN:LSE）、香港証券取引所（805：HKG）
【経営陣】 サイモン・マレー（会長）、アイヴァン・グラセンベルク（CEO）、トニー・ヘイワード（社外取締役）ほか
【主要部門】 鉱物部門、エネルギー商品部門、農産物部門
【傘下資源企業】 エクストラータ（スイス）、ルサール（ロシア）センチュリー・アルミニウム（アメリカ）ミナラ・リソーシズ（豪州）カズジンク（カザフスタン）カタンガ・マイニング（コンゴ）ほか
【URL】 http://www.glencore.com/

100社以上の企業を買収して巨大化

グレンコアの歴史はまるで「スパイ小説のようだ」とよく言われる。フィリップ・ブラザーズ（フィブロ、後にリーマンブラザーズが買収）という資源取引を得意とするニューヨークの金融会社に勤務していたマーク・リッチは、叩き上げの資源トレーダーであった。リッチは、1950年代末に「水銀」の需要が急増することを予測、頭角を現した。やがて、リッチはリスクを恐れるフィブロの社風を嫌い、自ら「**マーク・リッチ商会**」を立ち上げ独立する。起業資金は義父からの融資に頼ったという。税金のことを心配したリッチ

は本社をスイスにおいた。

石油ショックに見舞われた時、リッチはイランのシャー（国王）との独自ルートを作り大量の原油を確保しており、これで74年には10億ドルの売上、2800万ドルの純利益を弾きだした。エクアドルなど南米にも進出し、80年には当時のクウェートの原油産出量を上回る量を取り扱うまでになっていた。ところが、イラン革命が起きた後も、リッチはホメイニ政権とビジネスをしたために、米レーガン政権に目をつけられてしまった。当時、ニューヨーク州の検事だったルディ・ジュリアーニ（のちの市長）はリッチを脱税など51の容疑で訴追、リッチはスイスへの逃亡を余儀なくされる。

グレンコアが生まれたのは90年のこと。**リッチは「グローバル（GL）・エナジー（EN）・コモディティ（CO）・（RE）リソーシズ」**の頭文字を取って名付けた。だが、会社の経営権は偶然からリッチの手から離れた。リッチは94年には亜鉛の取引で見通しを誤り大損を出したために、その結果、負債を整理するために自分の持ち株を会社の経営陣に譲り渡すことを余儀なくされたのだ。新体制では初代会長には90年に株式を大量買収していたエクストラータ社（スイス）の会長でもあった**ウィリー・ストロソッテ**が当てられた。筆頭幹部には南ア出身の**アイヴァン・グラセンベルク**。彼らはその師匠の名前から「リッチ・

ボーイズ」と呼ばれた。やがて02年にはグラセンベルクがCEOとなる。

この間、95年以来、実に意欲的に126件もの世界中の資源・穀物の企業買収を展開していく。注目すべきは06年にロシアのアルミニウム会社の**UCルサール**と提携したことである。そして、2011年に株式公開を成し遂げる。485人の共同経営者が手にする株式の平均金額は1230万ドルという。上場はロンドンに全体の15％（約80億ドル）、香港に5％である。中東勢も出資しており、**サウジのアルワリード・ビン・タラール王子**の投資会社**キングダム・ホールディングス**やアブダビのSWF（国家ファンド）の名前が上がった。すでに中国の紫金鉱業集団も一部、転換社債を保有していることが分かっている。

ロスチャイルドとの深い関係も、その武器に

FTSE100の銘柄に加わったことで機関投資家はグレンコアの株価動向に敏感になるだろうが、グラセンベルクの周辺人脈も注目である。なにより重要なのは、グレンコアに巨額の投資を行っている人物の一人に、**ナット・ロスチャイルド**がいることだ。ナットはグレンコアが出資する香港に上場したUCルサールの経営者の**オレグ・デリパスカ**（投資会社「EN＋」ではナットと共同会長）やBP前CEOの**トニー・ヘイワード**（TNK

エクストラータとグレンコアの株主構成

XSTRATA（鉱山会社）　**GLENCORE（資源商社）**

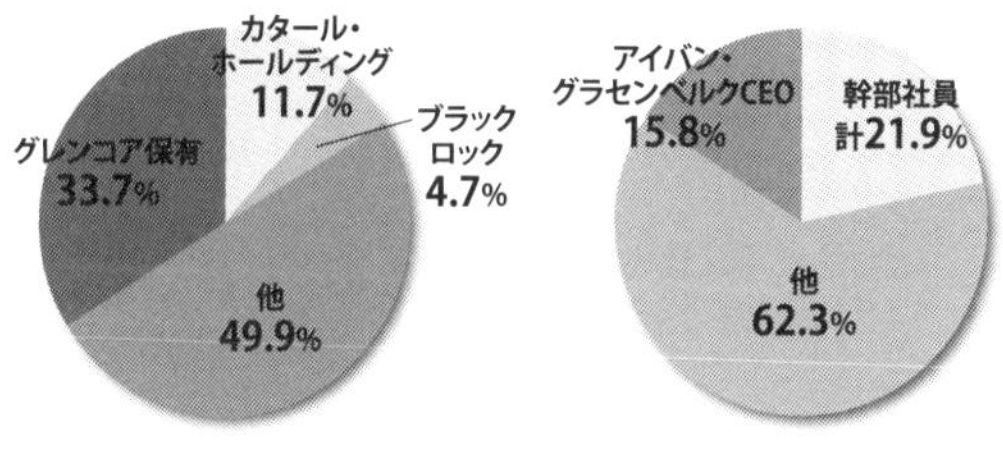

競合企業の時価総額

エクストラータ	グレンコア	BHPビリトン	ヴァーレ	リオ・ティント	アングロアメリカン
440億ドル	390億ドル	1790億ドル	980億ドル	940億ドル	440億ドル

2012年8月時点　出典：FT.com

ーBP前取締役）とも極めて親しい。ヘイワードが米国での海底油田事故で辞任した後にわずか9カ月でグレンコアの社外取締役として復帰したのは資源投資で急速にロンドン・シティで注目されたロスチャイルドの人脈が成し得たことだ。その他、会長のサイモン・マレーは、スイスの高級時計メーカーのリシュモン取締役だが、香港在住でかつて李嘉誠の系列企業ハチソン・ウェンホアの幹部や、ジャーディン・マセソンの取引部門にいたキャリアを持つ人物でもあり、自分のPEファンドも経営する。さらに、香港の巨大不動産会社の**ヘンダーソン・ランド**の幹部でもある李寧（創業者・李兆基の娘婿）、RHJインターナショナル（リップルウッド）CEOの

競合企業グループ

カーギル（米国）ADM（米国）アングロアメリカン（南アフリカ）リオ・ティント（豪州）。

レオンハルト・フィッシャーまでもがグレンコア取締役会に参加しているのには驚かされる。

11年5月にグレンコアが上場したのと軌を一にして一時的に資源価格が暴落した。しかし、グレンコアは世界に拠点を置く強みを利用し、最新の情報を得て取引に生かしている。原油で言えば、米WTIと北海ブレントの価格の利ざやを利用した取引や、需要のあるところにすぐに資源を配送する米Fedex社のように強いといわれるロジスティクス網は今後も生かされるだろう。

資源産業だけに時々アフリカの独裁政権との関係が問いただされることもある。また、上場直前に英タイムズ紙がスクープしたが、EU官僚から十数社がインサイダー情報を得ていたとする告発の中で同社の名前が上がっていたのも気になるところだ。

今後は、カザフスタンの有力企業ENRCへの買収やエクストラータの完全子会社が実現するかどうかが重要なポイントとなるだろうが、これは交渉が難航しているようだ。「キング・オブ・オイル」の異名を取るリッチの息子たちはロンドンの金融王ロスチャイルドの次期男爵家当主と提携して、世界の資源市場を席巻しようとしている。

GE（ゼネラル・エレクトリック）

「GEは産業を重視する企業でなければならない」会長兼CEOのイメルトはこう力説する。これは金融危機で傘下のGEキャピタルが大損失を出した反省からだ。金融危機直後の09年の金融部門の収益は主要5部門首位の506億ドルだが、エネルギーと技術インフラ部門の合計は796億ドル。現在のGEは海外市場での売上高が半分以上で、そのうち非欧州市場が3割を占める。さらにGEは新興国での研究成果を先進国での技術革新に生かす構想も打ち出している。

【本社】米コネティカット州、フェアフィールド
【設立年】1878年、ニューヨーク州
【拠点数】160カ国
【従業員総数】304,000名（09年末）
【上場】NYSE（ティッカー:GE）
【経営陣】ジェフリー・ロバート・イメルト会長兼CEO（01年〜）
【主要部門】GEエナジー、GEテクノロジー・インフラストラクチャー、GEキャピタル、NBCユニバーサル、GEホーム&ビジネス・ソリューションズ
【URL】http://www.ge.com/

家電から軍用機エンジン、原発まで、その商品は多岐にわたる

ニューヨークでGEの母体となる電灯会社を創業したのは**発明王トーマス・エジソン**だが、彼は上場後2年の1894年に持株を全て売却し自らはコンサルタントとして残るも、経営は1892年に上場に合併した別の電気会社トムソン―ヒューストン社の人材を中心に移っていく。現在は収益割合では比重は少ないが、GEは電球など家電製品からスタートした会社であり、初めての電子レンジが1906年にすでに登場、第一次大戦期にはラ

ジャック・ウェルチの後を継いだGEのジェフリー・イメルトCEO（56歳）

写真：共同通信

ジオの登場とともにAT&Tらと共同でRCA（今のNBCユニバーサル）を設立する。金融部門となったGEキャピタルはこの電気製品を買いたいという大衆の欲望を満たすための「消費者ローン」をファイナンスするために登場したのだ。（GEキャピタルの設立は43年）ラジオに使った真空管をX線撮影に応用したのがGEの研究者であったクーリッジ博士であることはよく知られている。

GEは「イノベーション」を原動力にしてきたが、部門間の縦割りと官僚主義を打破することをきわめて重視している。また初期の経営トップには技術者上がりが多いのも特徴だ。初代社長であるチャールズ・コフィンをはじめ、GEの心臓部ともいうべきリサーチラボの母体を作った2代目社長のE・W・ライスも同様だ。ただ、GEがグローバル企業となるためには非技術者系のパワーエリートとの連携が不可欠であり、ロックフェラー家ともつながりが深い、モルガン財閥系の**オーウェン・ヤング会長**（第一次大戦のドイツ戦争賠償の〝ヤング案〟で有名）や、戦時中にアベレル・ハリマン（後の国連大使）の補佐官として行動を共にした弁護士出身のフィリップ・リード会長らが重要である。戦時総動員態勢には経営トップの**チャールズ・ウィルソン社長**が「戦時生産委員会」などに出向し、米国の戦争推進をレーダーやエンジンの技術面で支えた。現在も軍用機向けのエンジンを生産している。

戦後は傑出した人物を欠いたGEだが、72年に就任したレジナルド・ジョーンズの後継者としてトップに就任した**ジャック・F・ウェルチ**の名を知らぬ者はいないだろう。徹底した容赦ないコストカットと飽くなき拡大路線は米国経済の好調を象徴する存在だった。99年に『フォーチュン』誌は彼を「今世紀の経営者」として選出したほどだ。世間の高額報酬批判をものともしないコワモテのウェルチは今も大学でリーダーシップの講義を続けている。ウェルチと対照的に現在の**ジェフリー・イメルトCEO**は穏和なイメージだが、彼を早くから後継候補の白羽の矢を立てたのはウェルチだ。ウェルチ、イメルトはともに

GEのケミカル（プラスティック）部門出身だが、GEは07年にこの部門をサウジアラビアの**SABIC**に116億ドルで売却した。現在もメディアでは収益寄与度の低い家電や電球部門をそのうち切り離すのではないかとの観測が絶えない。

事業部門の見直しと新技術への注力

政府との関係の深さは今も健在で、イメルト自身が元FRB議長のポール・ヴォルカーを委員長としたオバマ政権の経済復興諮問委員会に所属したほか、NY連銀理事や、クリントン元大統領の慈善団体「クリントン・グローバル・イニシアチブ」のメンバーである。また、**ポールソン前財務長官やガイトナー財務長官と同じ、ダートマス大学出身である点も注目だ**。また取締役会には大物民主党元上院議員でキッシンジャーと〝核廃絶〟運動に関わっているサム・**ナン**がおり、**石油会社コノコフィップスの会長兼CEOのジェイムズ・ムルヴァ**、モルガン系のGEらしくJPモルガンチェース元会長の**ダグラス・ワーナー三世**らがいる。

GEは、09年末に傘下のメディア企業のNBCユニバーサルの株式の過半数をケーブルテレビ会社のコムキャストが保有する形で同社と提携すると報じられた。NBCはRCA

が前身だがユニバーサル部門はフランスのヴィヴェンディから04年に買収（その前はカナダのシーグラム社の保有だった）したものである。ケーブルやインターネット部門にメディア人口が移ってきたことへの対抗策としてコムキャストと提携の道を選んだわけだ。

イメルトが主力になると宣言したインフラ部門はエネルギー（エネルギーサービス、石油&ガス、電力&水）テクノロジー（航空、健康、運輸）に再編された。鉄道部門ではハイブリッド車両の南米への売り込み、電力では、日立との合弁の原子炉事業「日立GEニュークリア・エナジー」の国際展開をしていたが、**イメルトCEOはコスト面から「原発事業の見直し」ともとれる発言をしている。ガスタービン事業の強化でガス・コンバインド火力発電へのシフトを考えているようだ。**また、インターネット大手のグーグルとの提携で「スマート・グリッド技術」をどのように展開するかも注目だ。

GEは09年にも7％の研究予算を増額しており、今後も投資を惜しまないという。**イノベーションの行方はミシガン州の「技術・人材育成センター」がそのカギを握る。これはGEにとって、ニューヨーク州ニスカユナ、上海、ミュンヘン、インドのバンガロールに続く研究センターとなる。**同州は、向こう12年間にわたって総額6000万ドル以上の補助金を拠出する。産業国家アメリカの復権はGEにかかっている。

アレヴァSA

福島第一原発の大事故は、ここ数年の世界的な「原子力ルネッサンス狂騒曲」を終焉させるのか…。フランス最大の原子炉メーカーであるアレヴァ社を去年まで率いてきたのは、「アトミック・アンヌ」との異名も持つ、アンヌ・ローヴェルジョンCEOだった。しかし、サルコジとそりが合わず、01年失脚。国有企業であるアレヴァの舵取りは時の政府に影響されることを如実に示した。

【本社】フランス、パリ
【設立年】2001年（前身の「フラマトム」は1958年）
【拠点数】100カ国以上
【従業員数】47851人
【決算】12月末
【上場】ユーロネクスト（CEI:PAR）
主要部門：鉱山・フロントエンド／原子炉/バックエンド/再生可能エネルギー
【主な競合他社】仏国内：EDF（フランス電力公社）、アルストム、シュネイデル、GDFスエズ／海外：(原子炉) 東芝＝ウェスティングハウス（日・米）、GE日立（日・米）、ロスアトム（ロシア）/（鉱業）カメコ（カナダ）、カザトムプロム（カザフスタン）、ARMZ（ロシア）、リオ・ティント（豪州）
【URL】http://www.areva.com
【時価総額】4億7831万ユーロ(20**年**月**日)

株式70%以上を政府が保有する国有企業

２０１１年3月11日に東北地方で起こった巨大地震と福島第一原発の大事故は、ここ数年の「原子力ルネッサンス狂騒曲」を終焉させるのか。英ＦＴ紙はコラムで「原子力の春がくると思っていたら冬がやってきた」と論じた。緊張が続く中の3月31日、フランスのニコラ・サルコジ大統領（当時）が来日。それと前後してフランスを代表する原子力総合企業のアレヴァの女性（原子力）ＣＥＯ、**アンヌ・ローヴェルジョン**も来日した。「アトミック・アンヌ」とも呼ばれる彼女は、ＧＥ（ジェネラル・エレクトリック）のジェフリー・イメルト会長兼ＣＥＯと並んで、間違いなく世界の原子力業界のキーパーソンのひとりとして一時代を築いた。しかし、２０１１年サルコジに嫌われたために失脚した。

世界の原子力業界の関心は原子炉の〝高齢化〟だ。すでに世界の原発はその8割が運転開始から20年を迎える。福島第一原発1号機は２０１１年の3月26日で設計寿命の40年をすでに迎えた。１９５０年代後半に始まった商業炉による発電だが、**60年代から現在にいたるまで沸騰水型（ＢＷＲ）と加圧水型（ＰＷＲ）という「軽水炉」が第三世代まで開発・建設されている。**日本は高齢化した他の原子炉を〝安楽死〟させるのか。新型炉を建設しさらに原発を推進という可能性は現在のところきわめて低くなっている。一足早くドイツでは２０２０年までに国内の17基の原発を全廃する方向を打ち出した。

ただ、「脱原発」は残念ながら世界ではまだ必ずしも支配的にはなっていない。最も多くの原発（１０４基）が稼動している米国では、オバマ大統領の有力な資金援助者がイリノイ州に本拠を置く原発を保有する電力会社のエクセロン社ということもあり、政府による３６０億ドルもの融資保証を２０１２年予算に計上した。しかし、エクセロンは建設を当分停止するようだ。また中国も一時的に新規原発の審査を停止しているが、２０２０年までに１０８４万キロワットから７０００万キロワットの発電量を原発で賄う方針は崩していない。

その中国の新設原発の建設にも関わっているのがフランスのアレヴァ社だ。**アレヴァ社は鉱山から燃料棒の再処理（MOX燃料の成型）までを手がける総合原子力企業である。**世界で最も有力な使用済み核燃料の再処理を行う、ノルマンディー地方のラ・アーグ工場を子会社の「コジェマ」社が保有している。仏国内の電力の75％以上の発電を国内の58基の原発で賄う。

まずアレヴァの歴史についてふりかえる。

アレヴァ社は2001年にフランスの国営原子炉メーカーのフラマトムと核燃料メーカーの**コジェマ**を主体に設立された、株式の7割以上を今も仏原子力庁（CEA）が握る国有企業である。株式の4％ほどはユーロネクストに上場しているが議決権はない。ローヴェルジョン前CEOはコジェマの出身で、会長のスピネッタはフランス航空元会長である。国有企業ゆえに経営諮問委員会（取締役会）にはCEAや政府の代表が多い。

福島第一原発の原子炉は沸騰水型（BWR）だった。アレヴァの原子炉は、最新型のEPRも含めて加圧水型（PWR）だ。これは**フラマトムの創業に、PWR系の米国のウエスティングハウス（WH）が関わっていたことが関係している。**なおフランスで沸騰水

海江田経産相は来日したアレヴァのローベヴェルジョンCEO（当時）へ福島第一原子力発電所の事態打開のために専門家や機械の提供を求めた（2011年3月31日）。 写真：ロイター/アフロ

型を模索していたのは米GEからライセンスを買っていたフランスの国営通信企業（現・アルカテル）系のCGEだった。

フラマトムは正式には「フランス・米国原子力建設会社」といい、WHの他、ベルギーの富豪アンパン男爵や、フランスの電力機器会社**シュネイデル**が出資していた。ただ、フラマトム設立前からフランスではイギリスと組んでGCR炉（ガス炉）を開発する動きがあり、「国策」としては軽水炉よりもそちらが優先された時期があった。**だから、フランス最初の原子炉メーカーが最初に原発を建設したのは、ベルギー国内（仏国境付近）であり、そこから電力をフランス国内に送電していた。**

1969年にはフラマトムはベルギーで別の

原子炉建設契約を獲得、仏軍はウラン濃縮技術も確立。その実績により、当初はWHのライセンスどおりに建設していた原子炉に改良を加える余裕が出てきた。オイルショック後にフランスではますます原発に頼る傾向になり、74年だけでフラマトムは仏国内で16基のPWR建設を決めた。76年には海外案件を受注するに至り、70年代初期には200人だった社員が81年には5000人までに膨れ上がった。79年の米国でのスリーマイル島事故以降、世界の原発建設はやや停滞したが、フランスは国策を堅持。82年にはWHのライセンスが切れたことで、フラマトムはWHをモデルに独自炉の開発を開始する。ただし、フラマトムは、この時期に政府による国有企業の再編の影響で前出のCGEの傘下に入った。

政府が主要企業の合併を産業政策として促すのが「フランス株式会社」の特徴である。

フランスの拡大路線とドイツの「脱原発」

株主である政府の意向が強く働くのは実は現在も変わらない。つい最近もフランス国内では原子力産業の強化を目指し、サルコジ大統領主導での再編への動きが起きていた。

この再編機運の先鞭をつけたのは**「ルスリー報告書」**の作成だった。これはサルコジの委嘱で元EDF（フランス電力）会長のフランソワ・ルスリーが作成したレポートで、**今**

後のフランスの原発政策はアレヴァではなく電力会社であるEDFが主体となるとしたものである。

背景には、アレヴァを主体とするフランス企業連合が2009年末にUAE（アラブ首長国連邦）への原発の売り込みで、韓国のKEPCO（韓国電力）を主体とする企業連合に敗れたこと、フランス国内とフィンランドで建設中の新型炉EPRの完成が大幅に遅れた上に予算も大幅にオーバーしたことがある。国策とする原発輸出でフランスが勝ち続けるためには、単に経営者責任を問うだけではなく、業界全体の再編が必要だとみなされたのだ。**同報告書に基づき、原子力政策審議会で、すでに提携が進んでいる三菱重工との合弁会社「ATEMA」にもEDFやGDFスエズを参加させることを決めている。**

サルコジと組んで「アトミック・アンヌ」を足下にねじ伏せたのは、EDF会長の**アンリ・プログリオ**だ。アルストムのCEOであるパトリック・クロン、その社外取締役である**マルタン・ブイグ**（建設会社ブイグ社の会長）といった主要財界人の思惑も複雑に絡んでいる。このプログリオとオランド大統領の関係が注目される。

ドイツでは、アレヴァはライバルの**シーメンス**ともEPRの開発で合弁を組んでいた。ところが、これも2010年シーメンスが突然、保有する合弁会社の持株を売却し、アレヴァと新興国で競合するロシアの**ロスアトム社**と提携すると発表したことで10年の関係に終止符が打たれることになった。ただ、**シーメンスは福島原発の事故のあと、アンゲラ・メルケル首相が打ち出した「脱原子力」の再徹底の流れをうけ、ロスアトムとの提携も見直し、原子力分野から撤退する方針に転換したようだ**。ドイツ国内の電力会社ＲＷＥはメルケルの方針転換に反発しているものの、原発事故の直後の３月末の地方選挙で「緑の党」がメルケルの与党の地盤を大きく崩したこともあり、この方針は変わらないだろう。

なお、シーメンスと競合するスイスのエンジニアリング会社の**ＡＢＢアセア・ブラウン・ボヴェリ**はすでに99年に原子力ビジネスを英国の核燃料会社ＢＮＦＬに売却し、送電部門だけを残し、スマートグリッド事業に乗り出している。ＢＮＦＬは同年に買収したウェスティングハウスとＡＢＢを含めて手に入れた原子力部門を06年には日本の東芝に売却している。翌年にはＧＥと日立もグローバル提携を開始した。なお、東芝は原発事業を維持する方針を崩しておらず、トルコなど新興国への売り込みをまだ諦めていないようだ。しかし、12年7月に東芝がＷＨ株49％を売却するという情報が流れている。

仏国内の政争に近い業界の再編騒動をよそに、アレヴァは新興国への原発の売り込みを加速させていた。07年11月にはローヴェルジョン自ら中国を訪問、**中国広東核電集団**

（CGNPC）の幹部と会談、新型のEPRを広東省台山に建設する他、燃料の再処理も中国から請け負うという。中国ではこの他に、WHの新型炉AP1000やアレヴァの第二世代炉を土台とする中国独自のCPR、ロスアトムのVVER（ロシア型加圧式原子炉）などが競争している。

また、ロスアトム（**セルゲイ・キリエンコ総裁**）は、ロシア連邦原子力省が前身であり、核燃料や濃縮ウラン輸出部門、核兵器部門までグループ会社で手がけるが、輸出戦略の鍵を握るのは**アトムストロイエクスポルト社**（1988年設立）である。この株式の49・8％は国営ガス会社のガスプロムが6割強を保有する**ガスプロムバンク**の保有であるという。ロシアが輸出した原発の中には欧米諸国との関係で核開発の隠れ蓑との疑いも晴れないイランのブシェール原発も含まれる。ロスアトムはトルコやベトナムとも商談が進行中だ。

また、韓国はすでに述べたようにUAEで、仏（EDF・アレヴァ）、日米（GE、日立。エクセロン）の二者を破って受注を獲得している。韓国連合はKEPCO、斗山重工業、現代建設、サムスンのコンソーシアムだったが、その受注の鍵は価格の安さにあったと言われる。ただ、この案件をめぐっては、当初公表された以外の「未公開契約条項」があったと韓国内のマスコミで暴露された。それによれば、受注金額の186億ドルの内、100億ドル（12兆ウォン）を償還期間28年で韓国政府が輸出入銀行を通じ貸し出すことになっていた。今年2月にこの〝破格〟の契約条項が明らかになって韓国のメディアや市民団体から調査を求める声が沸き起こった。それでも李明博大統領は福島原発事故から間もない3月14日、アブダビでの原発起工式に参加している。

原子炉の廃炉が増加するにつれて、**アレヴァは既存炉の廃炉ビジネスも拡大していくと言われる**。EPRやAP1000はいわゆる「第三世代炉」だが、さらに新しい第四世代炉の開発もすでに始まっている。**中国華能集団**は清華大学が設計したヘリウムガスを冷却材とし、燃料棒ではなく小型の球体を燃料として使用する「高温・ガス冷却式反応炉」を山東省石島で着工の運びだ。また、米国の富豪である**ビル・ゲイツ**が出資する**テラ・パワー社**が推進する「劣化ウラン」を使用する新型炉TWRの他、ハイペリオン・パワー社の**モジュール型炉、**ロスアトムの考案した海に浮かぶ小型浮体型原子炉のような冗談としか思えないものが実際に研究され、建設されようとしている。天界から盗んだ火を人間に渡した神プロメテウスはゼウスの怒りに触れて山にはりつけにされたという。人類が前世紀半ばに「発見」した原子力発電という〝業火〟はまだまだ消えそうにない。

ボーイング

オバマ大統領が、故郷のホノルルに錦を飾った11年11月中旬のAPECサミット。企業経営者を前に語るオバマの相手役を務めたのはボーイングの会長兼CEOのジム・マクナニー。米国は環太平洋経済連携協定（TPP）で環太平洋の経済ルールを決める主導権を握っている。同社は問題となった米海兵隊の輸送ヘリオスプレイの製造元を傘下におさめる。米国有数の輸出〝軍需〟企業であるボーイングにとってもそれは見逃せない市場なのだ。

【本社】米イリノイ州・シカゴ
【設立年】1916年
【拠点数】70カ国
【従業員数】16万5000人
【決算】12月末
【上場】NYSE(BA:NYQ)
【経営陣】ジェイムズ・マクナニー会長兼CEO
【主要部門】民間航空機部門、防衛・宇宙・安全保障部門、金融サービス部門、サービス部門、エンジニアリング・オペレーション・テクノロジー部門
【主な競合他社】軍事:米ロッキード・マーティン、英BAEシステムズ、欧EADS（ボーイング）、ノースロップ・グラマン、ユナイテッド・テクノロジーズ（P&Wエンジン）／民間:ボンバルディア（カナダ）、中国商用飛機有限公司（中国）など
【URL】http://www.boeing.com/

世界有数の〝軍需〟企業

世界の民間旅客機のシェアで欧州のエアバスと二分し、軍用機では世界3位にランク入りするボーイング。現在の形になったのは1997年のことだ。現在のボーイングは1916年に初代**ウィリアム・ボーイング**が設立した同名企業だけではなく、それ以外にも民間・軍用を共に手がけたマクドネル・ダグラス、ノース・アメリカン・アビエーション、ロックウェル・インターナショナル、ヒューズ・エレクトロニクス（衛星部門）など

によって構成されている。

初代ウィリアム・ボーイングとその相棒であった米ワシントン州・シアトル航空技師のコンラード・ウェスターヴェルトの2人はその頭文字をとった「B&W」という水上飛行艇の飛行に成功した。これが1916年のことで2人はパシフィック・エアロ・プロダクツという会社を設立する。最初の顧客はニュージーランド政府で航空郵便と飛行訓練機としての調達だった。翌年にはもう現在の「ボーイング」という社名を採用している。

第1次大戦後、ボーイングは航空機製造だけではなく航空郵便事業にも参画していく。ボーイングは複数の航空企業を傘下に収めてゆき、1929年にはボーイング、ユナイテッド航空機、ノースロップ航空機、プラット&ホイットニー（エンジン）やシコルスキーなどの航空機会社の大合同が行われた。ところが、これがルーズベルト大統領時代には独禁法違反容疑で解体の憂き目に合う。この時点でウィリアム・ボーイングは全株を売却して退社、**全米の東西に企業分割が行われ、ワシントン州を中心とする西部がボーイングとなり、東部は現在の「ユナイテッド・テクノロジー」（P&Wの親会社）と輸送会社のユナイテッド航空になった。航空機の製造と輸送も分割されたのである。**

第二次大戦中は爆撃機のB-17、そして広島・長崎に原爆を投下したB-29を製造したボーイングは続いてB－47やベトナム戦争で絨毯爆撃を行ったB－52などを開発した。だが同時に空軍に働きかけてB－52製造用の工場設備を民間用に使用することに成功。こうして1957年に生まれたのがジェット旅客機であるB－707だ。同機の登場を警戒した競合のダグラス飛行機はDC－8型機を投入して対抗。ボーイングも今度は707を軍事転用して大型輸送機のKC－135を製造。今も製造する軍用ヘリ「チヌーク」も開発し、ベトナム戦争の原動力を担った。なお、海兵隊などが使用するオスプレイ（V－22）はベル・ヘリコプター社とボーイングが共同で開発した機種である。

ボーイングの旅客機はいずれも「ラッキーセブン」といって型式に「7」が付く。707に続いて、新型機を定期的に開発しており64年には727が登場した。やがて、機体は大型化し、ジャンボジェット「B－747」の登場となった。85年の日航機事故で墜落したのはこの型である。ジャンボ競争には「DC－10型機」やロッキード社のトライスター機も参入。この他、60年代にはICBMのミニットマンやNASAのアポロ計画では月面撮影機の「ルナ・オービター」などを提供した。

だが、1970年代になるとアポロ計画が終わる上に、大型プロジェクトである超音速旅客機SSTの開発が議会の反対で頓挫したことでボーイングは経営危機を迎える。だが、

沖縄普天間飛行場に配備予定のオスプレイは、ベル・ヘリコプター社とボーイング社が共同で開発した　写真：共同通信

結局は同社は政府によって救済される。707を軍事転用した早期警戒機（AWACS）の受注や、巡航ミサイル（ALCM）、そしてスペースシャトル関連の受注を獲得した。

そして、70年代後半になると、ボーイングは再び新型の民間機である757と767を投入。1970年に欧州で誕生したエアバスとの間で国際受注合戦が始まった。この2大メーカーの争いは今に続いているが、最初は767とA300という200人程度の乗客を想定した中型機の争いであり、80年代は小型の737とA320、90年代は大型機である777とA330の争いであった。そして、前述の通り、97年には米国内で競合していたマクドネル・ダグラス社はボーイングに買収されてしまう。

よって、大型旅客機は今もこの2社の寡占状態だ。**ＷＴＯ（世界貿易機関）は、ボーイングとエアバスが、それぞれ米国政府と欧州政府から巨額の輸出補助金や開発補助金を受け取っているとの認定を下したが、大型機で競合する相手がいないので、結果的にこのＷＴＯの決定は無視されているようだ。**

アメリカの輸出戦略と密接につながり、アジアを狙う

マクドネル・ダグラス買収は、96年に始まり、2004年に終わりを告げた**フィリップ・コンディットＣＥＯ**の時代の大型案件である。ボーイングの技師出身でもあるコンディットは前述したロックウェル、マクドネル・ダグラス、ヒューズの買収を行ったが、それ以外にも同社にとっては大きな出来事が続いた。

まず、**2001年に東部財界とのつながりを深めるために本社を西部のシアトルからイリノイ州シカゴに移動した。**そして、2003年には輸送機のリース契約を巡る政府調達のスキャンダルがあった。政府職員で後にボーイング社員となった女性が競合するエアバス社の入札予定価格をボーイングに漏らしていた事が発覚。コンディットＣＥＯは辞任に

追い込まれた。

苦境から同社を立て直すべく、2001年から同社取締役会のメンバーで複合企業スリーエム社のCEOだった**ジム・マクナニー**が抜擢されたのである。マクナニーはP&Gやマッキンゼーを渡り歩いてきた企業重役であり、ボーイングと関係が深かったGEのエンジン部門の経験もあり、ジャック・ウェルチの後継者を争うほどであった。しかし、GEでの後継者レースに敗れたために、社外に転出、歴史ある大企業スリーエムの立て直しに関わっていた。なお、コンディット辞任のきっかけになった空中給油機の案件は、この後、一時棚上げになっていたが、国防総省は2012年2月、350億ドルにものぼる契約を結局、ボーイングが獲得することを発表した。

マクナニーは出身のイェール大学ではブッシュ前大統領と同級生であったが、オバマ政権になって政府の「大統領輸出評議会」のトップに選出されてからは一層、GEのジェフリー・イメルトCEOと並んで政権の輸出戦略に関わるようになった。**ボーイングとGEにとって中国は重要な顧客であることから、マクナニーは「米中ビジネスカウンシル」の理事会メンバーであり、11年1月の胡錦濤国家主席の公式訪問の際には190億ドル相当の受注を行ったことでも話題になった。**また、東日本大震災後に米戦略国際問題研究所

（ＣＳＩＳ）が経団連と立ち上げた「震災復興タスクフォース」の議長も努めた。ボーイングはＢ−７８７の機体の35％を日本企業（三菱重工、川崎重工、富士重工、炭素繊維では東レ）と共同開発しており、製造業のサプライチェーンの関係でも日本との関係は深い。

ボーイングに限らず、航空業界ではプロジェクトの遅れとそれに伴う開発コスト増大が問題になっている。当初予定より3年ほど遅れた後に全日空向けの1号機が羽田に着陸した「ドリームライナー」の別名を持つＢ−７８７だが、生産費用は将来納入分の１１００機までに分散させて回収すると発表された。これがエアバスのＡ３８０と競合する。

また、日本でも繰り広げられている次期支援戦闘機の受注合戦では、ボーイングはＦ−18で攻勢をかけているが、ステルス性に優れたロッキード・マーティンのＦ−35が優勢であり、ＥＡＤＳも参加するユーロファイターは劣勢だ。

商用機でも中・小型機市場ではカナダのボンバルディアのＣシリーズ（最大１４９席）や中国商用飛機有限責任公司のＣ９１９（最大１９０席）が挑戦を続けている。ボーイングは今後20年で中国は５０００機の旅客機を必要とするとの見通しを掲げている。マクナニーがＴＰＰに賭けるのも新興勢力をけちらすためだろう。


主な競合企業（旅客機・軍需　Aerospace & Defense）

米：ボーイング（114位）、欧：EADS（エアバス、174位）、米：ロッキード・マーティン（244位）、英：BAEシステムズ（312位）、米：レイセオン（342位）米：ノースロップ・グラマン（349位）、英：ロールス・ロイス（エンジン、372位）

ニューズ・コーポレーション

世界最大のメディア帝国であるニューズ・コーポレーションの帝国の継承は行われるのか？　新聞、雑誌、テレビ、映画と世界の「言論と娯楽」を握ってきたマードック帝国も、イギリスの大衆紙記者による盗聴事件で同社幹部が逮捕される事態に。ルパート・マードックら幹部も議会公聴会に呼びだされ、執拗な追及を受ける。当初は次男のジェイムズ・マードックを後継者に据える予定の帝国の継承計画に狂いが見え始めた。

【本社】米ニューヨーク市、1211　アヴェニュー・オブ・アメリカズ（ロックフェラー・センター内）
【設立年】1979年（オーストラリア）、2004年（米国）
【従業員数】5万1000人（2010年）
【上場】米ナスダック（ティッカー：NWSA:NSQ）
【経営陣】ルパート・マードック（会長兼CEO）、ジェイムズ・マードック（欧州・アジア会長兼CEO）、ロジャー・アイルズ（FOXニュース会長兼CEO）
【主要部門】映画・エンタメ、テレビ、ケーブル、衛星放送、統合マーケティング、新聞・情報サービス、出版、その他（計8部門）
【主要子会社】20世紀FOX、FOXテレビ、FOXスポーツ、FOXニュース、FOXビジネス、STARチャンネル、ナショナル・ジオグラフィックチャンネル（アジア）、ディレクTV（SKYイタリア、BスカイB）、タイムズ（英）、ウォールストリート・ジャーナル、ダウジョーンズ。ハーパーコリンズ、Huluなど。

一代で築き上げたメディア帝国

ルパート・マードックが、現在の**ニューズ・コーポレーション**の母体となる同名の会社をオーストラリアに設立したのは1979年のことであるが、実は彼の父親キースも新聞社の経営に関わっていた。キースは「ニューズ・リミテッド」社の大株主だった。父が世を去った52年にはルパートはロンドンで新聞社の紙面構成の仕事をしていたが、直ぐに帰国。56年からニューズ社は地方紙の買収や米国のテレビガイドを真似した雑誌を創刊、やがてテレビ局の経営にも乗り出してゆく。

60年代も買収を続けた。シドニーのローカル紙を次々に同地のハリファックス・グループから買収した。これがメディア界でもワンマンで知られるマードックの挑戦的な経営手法の始まりとなる。64年には初めて全国紙の『**ジ・オーストラリアン**』を買収、キャンベラにあった同紙はやがてシドニーに拠点を移している。70年代前半には、豪州の著名メディア企業である**パッカー一族**から、『サンデー・テレグラフ』（英国の同名の新聞とは違う）を買収した。

また、60年代にはマードックは、イギリスにも進出した。ここではチェコ生まれのたたき上げのメディア王で、当時は労働党の議員だった**ロバート・マックスウェル**との間で、当地の大衆紙『**ニューズ・オブ・ザ・ワールド**』（NOW）の買収合戦を繰り広げている。このNOW紙が盗聴事件で廃刊になった問題のタブロイド紙である。マックスウェルは外国出身という事が禍して英国内の愛国的論調に屈したが、豪州人のマードックは巧みに同紙の発行者の一族に取り入り、69年に買収に成功している。さらに同年、現在も風刺的な表紙と女性の露出度の高い写真を載せることで知られる**大衆紙**『**サン**』の買収に成功。さらにはテレビ放送局の株式も大量に取得していくなど、〝帝国〟の建設の勢いはとどまるところを知らなかった。

70年代になるとアメリカにも進出。85年にマードックは国籍を米国に変えることになるが、まず最初に手を付けたのが保守的なテキサス州の地元3紙だった。その中の1紙でマードックはセンセーションに連続殺人の記事の特集を組んだ。それが批判を呼びつつも部数を伸ばしたようだ。76年には、今もニューズ系のタブロイドとして保守（ネオコン）的論調で知られる『**ニューヨーク・ポスト**』を買収。そのようにして現在のニューズ社の本社を豪州に79年に設立する。

80年代になると、サッチャー政権に急接近したマードックは、さらに英国での大きな買収を仕掛ける。それは18世紀に創刊された英国の魂というべき**高級紙**『**タイムズ**』の買収と、**出版社コリンズ**（後にハーパー・コリンズとなる）の買収である。タイムズは当時、現在はトムソン・ロイターの大株主となる**トムソン卿一族**によって保有されていたが、『サン』同様にマードックの手に落ちた。

英ロスチャイルド系、そして中国人脈がカギ

一般的にニューズ社の代名詞となっているエンタメ部門へは83年に進出した。この年、**20世紀フォックス**の株式を取得、さらに今はスカイで知られる英国放送の大株主となり、

マードック一族と妻と息子たち

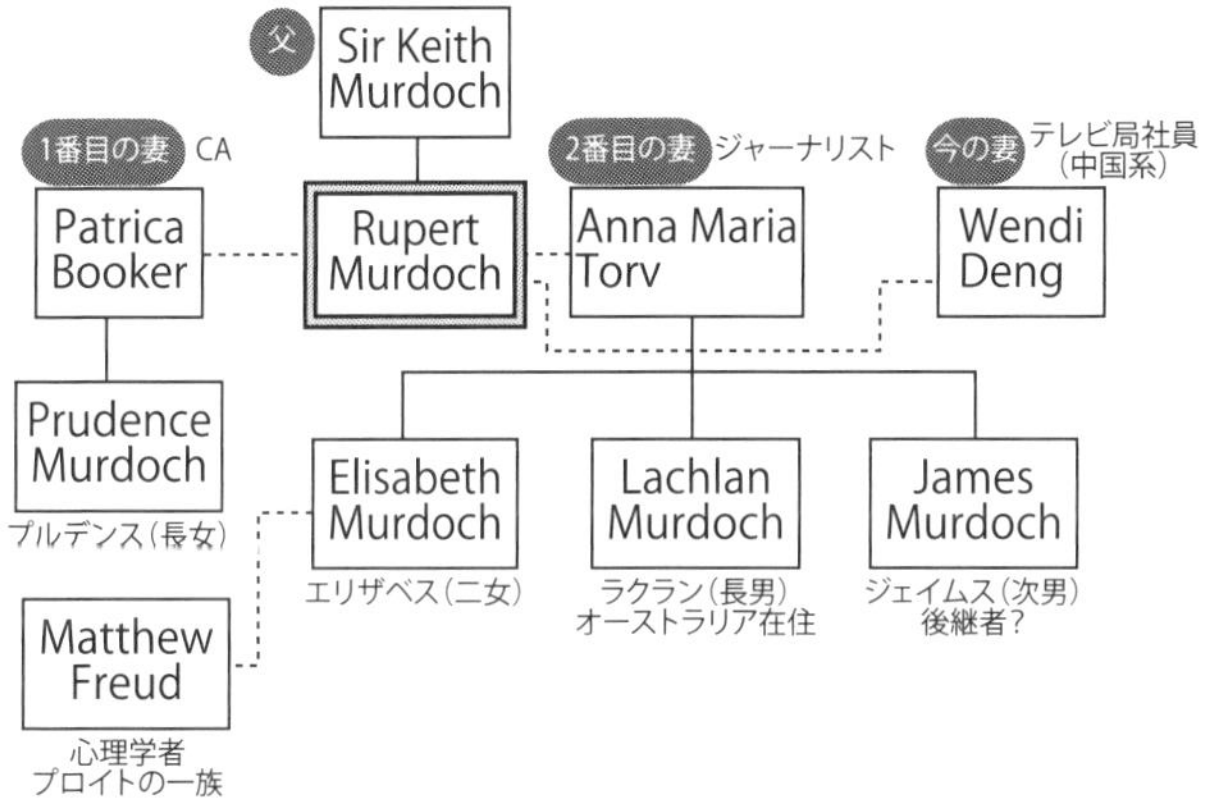

既存の国営放送ＢＢＣへの攻勢を強めた。フォックスはエンターテインメントから24時間ニュース、現在は経済ニュースチャンネルまでを抱える。イラク戦争のときに好戦ムードを演出したのは、ＣＮＮの対抗馬として登場した**FOXニュース**であり、95年にニューズ社が買収した政治雑誌『ウィークリー・スタンダード』（ネオコンのバイブル、ただし２００９年にはニューズ社は同誌のオーナーではなくなっている）だった。

アジアへは87年に現在は香港のクオック家が所有する『**サウスチャイナモーニングポスト**』紙を買収することで進出、次いで香港随一の財閥である李嘉誠の息子のリチャード・リーからスターＴＶを獲得している。96年には一時、ソフトバンクの孫正義と組んでテレビ朝日の株式取得に乗り出したこともあった。

そして、今後のマードック帝国の行方を占う衛星放送事業では、スカイTVと競争相手のBSBを合併させ、ニューズ社が少数大株主となった。現在も残る61％の株式の完全買収を目指しているが完全に吸収することはなかなかうまくいかないようだ。盗聴スキャンダルでますます難しくなるに違いない。また、ヒューズ・エレクトロニクス社からは03年に米国内の衛星放送「ディレクTV」の経営権を取得している。ディレクは現在はジョン・マローンの「リバティ・メディア」の経営に移っている。一時はマローンがニューズの株式を大量取得してマードックと全面戦争寸前にまで行ったこともあった。

そしてよく知られているように、ニューズ社は07年にダウ平均株価の名前で知られる、金融情報サービス会社の**ダウ・ジョーンズ**をバンクロフト家から買収、傘下のWSJ（ウォールストリート・ジャーナル）紙も手にし、ロンドン・シティとウォール街の金融情報を同時にコントロールすることになった。

ニューズ社の取締役会名簿を見ると、アメリカを本拠としているにもかかわらず、そのネットワークは圧倒的に英ロスチャイルド系の人脈が強いことに驚かされる。ジェイコブ・

ロスチャイルド卿の率いるＲＩＴ投資会社の取締役で、元『エコノミスト』編集長の**アンドリュー・ナイト**や、元ゴールドマン・サックス取締役で現在は北京・清華大教授の**ジョン・ソーントン**、そしてスペイン元首相でネオコン的政治家だった、ホセ・マリア・アスナールなどがいる。ＷＳＪの元オーナーである一族のナタリー・バンクロフトも取締役だがプロの経営者ではない。

ニューズ社の第2位株主であるサウジアラビアの大富豪、アルワリード王子は後継者に指名された次男**ジェイムズ・マードック**に太鼓判を押した。ジェイムズは欧州・アジア部門の総責任者として長老の引退を待つ。ただ、同社のアジア戦略では齟齬も見えている。２０１０年の8月、同社は中国のＴＶチャンネル3社の株式を中国の政府系投資ファンドに売却すると報じられた。マードックは、中国進出を睨んで3番目の妻である中国系の**ウエンディ・マードック**との結婚をアピールしたり、ひたすら以前は中国共産党に低姿勢に出ていた。２０１２年7月には、ルパートが、英国で新聞を発行するニューズ・インターナショナルやタイムズの経営陣から引退した。収益源のエンタメ部門と帝王の思い入れが強いが収益で劣る新聞事業の切り崩しかともウワサされる。帝国が一体制を保てるのか。今後も注目するべきところだろう。

主な競合企業（放送メディア　Broadcasting & Cable）

米：コムキャスト（81位）、米：ウォルト・ディズニー（121位）、米：ニューズ・コーポレーション（158位）、米：タイム・ワーナー（177位）、仏：ヴィヴェンディ（181位）（参）日本：ジュピター・テレコミニケーションズ（1314位）

GDFスエズ

仏外交官フェルディナント・レセップスが建設した運河の名前を持つGDFスエズ・グループは仏政府が35％の株式を保有する欧州最大のエネルギー複合企業の1つだ。フランス・ベルギーを中心に活動してきた同グループは、功労者が引退するのと合わせて、英電力会社を統合、中東や南米に進出を開始している。欧州連合の歴史とともにある由緒ある企業はどこに向かうのか。

【本社】仏パリ、リュー・デュ・ドクトゥール・ランスロー22
【設立年】1822年（SGB）、1858年（スエズ運河会社）
【拠点数】60カ国以上
【従業員総数】20万650人（2010年）
【決算】12月末
【上場】パリ・ユーロネクスト（ティカー:GSZ:PAR）
【経営陣】ジェラール・メストラレ会長兼CEO（2001年～）、ジャン・フランソワ・チレリ（副会長兼社長）、アルベール・フレール（副会長）
【主要部門】仏エネルギー部門、欧州・国際エネルギー部門、グローバル・ガス&LNG部門、インフラ部門、エネルギー・サービス部門、環境部門
【主要子会社】エレクトラベル（ベルギー・発電）、トラクテベル・ガスエンジニアリング（プラント建設）、スエズ・エンバイロメント（水道・汚水処理）など
【備考】フォーブス2000（世界第47位、2012年）

2008年、1000億ユーロ規模の大合併で誕生

ＧＤＦスエズの歴史は合併とそれに伴う名称変更の連続である。同社が現在の形になったのは08年。ベルギー・フランスを拠点にもつ複合エネルギー企業のスエズ社とフランス**国有ガス公社**（**GDF**）の合併による。ＧＤＦの誕生は戦後の１９４６年であり歴史は浅い。しかし、スエズ社はさかのぼれば、ナポレオン戦争直後の１８２２年に、オランダ国王のオレンジ公ウィレムによって設立された、「**ソシエテ・ジェネラル・ド・ベルジク**」（**SGB**）というベルギーの国策の植民地経営企業に行き着く。同社はベルギー領コンゴ

で資源採掘を行った総合商社である。

一方、フランスでは、ナポレオン三世時代に当たる1869年にスエズ運河がレセップスにより開通。しかし、**スエズ運河会社**はその運河を一部保有したものの、エジプトを支配した大英帝国のよる圧迫を受けた。その後しばらくして、電力の発明により、仏国内では電力事業と水道事業という公益事業を手がける「**リヨネーズ・デゾー・エト・ドゥ・ルエクレラージ**」が登場。二度の大戦を経て仏政府は戦後、公益事業を国営化し、その際にリヨネーズ・デゾー（水道）やガス公社が生まれた。

1956年にエジプトのナセル大統領によるスエズ運河の国有化宣言が発せられ、スエズ運河会社は転機を迎える。**物流インフラ会社であった同社は58年に金融業に転向、やがて仏植民地銀行であったインドシナ銀行を飲み込み、74年にインドスエズ銀行を擁するに至る。**なお同銀行は現在のクレディ・アグリコールの一部となって存続している。一方、リヨネーズ・デゾーも着実に事業を拡大し72年には水処理のデグレモン社を、75年にはゴミ処理のSITAを買収。これらは**スエズ・エンバイロンメント社**の一部となっている。

両国の主要金融グループであったSGBとスエズ金融の2社は1988年にフランス側がベルギー側の支配権を得る形で統合。スエズ金融はSGBの他、ベルギーのジェネラル銀行や発電会社のトラクテベルを傘下に迎える。そして、90年代半ば以降、ようやく現在の複合エネルギー企業の形を見せ始めていく。まず、96年にインドスエズ銀行が分離、翌年、リヨネーズ・デゾーと合併、「**スエズ・リヨネーズ・デゾー**」となる。さらに98年にはベルギーのジェネラル銀行をベネルクス3国で展開する金融グループのフォルティスに売却している。

21世紀に入ると、2003年にはベルギー国内で発電プラントエンジニアリングのトラクテベルにSGBが吸収される。このトラクテベルは現在はグループのエネルギー・サービス部門の一部である。そして、2006年に時の仏首相のド・ヴィルパンが国内産業を育成する「ナショナル・チャンピオン」という産業政策のもとでスエズとガス公社の合併を提案、EUによる合併審査などのハードルをクリアして08年暮れに、ガス公社がスエズを吸収する形で、約1000億ユーロ規模という「世紀の大合併」が実現した。

世界各国のエネルギー事業に進出

スエズにおける人脈で重要なのはベルギー勢のSGBの流れをくむ現在の取締役会のメンバー達である。現在は同社の取締役会はガス公社側の仏政府代表や従業員代表などが加

GDFスエズ　年表

1822年	ソシエテ・ジェネラル・ド・ベルジク（SGB、ベルギー）設立
1858年	スエズ運河会社（フランス）設立
1880年	リヨネーズ・デゾー・エト・ドゥ・ルエクレラージ（電力・水道）設立
1946年	フランスガス公社（GDF）設立
1958年	スエズ金融会社設立（スエズ運河国有化で金融業に転向）
1988年	スエズ金融会社がSGBを吸収
1997年	スエズ・リヨネーズ・デゾー（スエズ金融とリヨネーズが合併）
2001年	スエズに社名変更
2008年	スエズとガス公社が合併
2011年	GDFスエズが英インターナショナルパワー株式7割取得

わり総勢21名で構成されている。まず、CEOの**ジェラール・メストラーレ**は元々は仏財務省出身。欧州委員会第8代委員長であったジャック・ドロールの秘書であり、84年にスエズ金融に入社、91年には傘下のSGB執行取締役となる。メストラーレと社交クラブ「ロートリンゲン」で繋がっているのが、かつて欧州産業政策委員やEC副委員長を務めた、ベルギー世襲貴族のエティエンヌ・ダヴィニオン子爵である。このダヴィニオンはビルダーバーグ会議という世界中のパワエリートの談合クラブの前名誉議長でもあることから欧州連合の創始者の系譜にある。ダヴィニオンは、SGBの系統の金融機関フォルティスの社外取締役も務めてきたが、フォルティス破綻の責任を問われて株主総会で辞任させられた。さしもの「欧

主な競合企業（電力会社　Electric Utilities）

仏：GDFスエズ（47位）、仏：EDF（73位）、伊：エネル（75位）、スペイン：イベルドローラ（131位）、独：RWEグループ（143位）（参）日本：関西電力（260位）

州の黒幕」の勢いも衰えてきたのか、2010年5月でダヴィニオンはスエズの取締役会を去っている。変わって台頭してきたのが、GDFスエズ・エナジー・インターナショナルのトップである、ディルク・ベエウサエルトと言う人物だ。スエズが70％出資することになる英国を拠点とする国際電力会社のインターナショナル・パワー（IP）社の会長となることが決まっている。

また株主には従来から、ベルギー・カナダの複合投資会社GBLがおり、同社の会長であるアルベール・フレール男爵やGDF関係が深い、ポール・デスマレ・ジュニアというカナダ財界の政商的人物が継続して取締役となっている。

今後の注目は英IPを傘下に収めることでGDFスエズの本質が再び大きく変貌していく可能性がある点だ。特に発電分野でこれまで進出がなかった英国・豪州への展開が気になるところだ。スエズは中東には「カーラベル」という発電・海水淡水化を手がける子会社を設立し力を入れている。さらにロシア―欧州が手がけるガスパイプライン事業にも参加するほか、南米への進出も意欲的だ。エネルギー共同体の欧州連合の核となるベルギー・フランスからスタートした、公益企業の大帝国は、まさに全方位でエネルギー事業を統括する〝インターナショナル・パワー〟（国際的電力会社）に生まれ変わるだろう。

サウジ・ビンラディン・グループ

2011年の9月11日はあの米同時多発テロからちょうど10年。その露払いのように11年のゴールデン・ウィークに「アルカイダ」の指導者とされるオサマ・ビンラディンの“死”のニュースが全世界中を駆け巡った。しかし、中東で「ビンラディン・グループ」（SBG）といえば、サウジ・ジェッダにある巨大ゼネコンのことである。中東経済の行方はこのグループが握っている。

【本社】サウジアラビア・ジェッダ
【設立年】1931年
【経営陣】バクル・ビンラディン（会長）ヤヒヤ・ビンラディン（副会長）オマル・モハメド・ビンラディン（CEO）
【主要部門】公共施設&空港部門、インフラ部門、特別建造物部門、建築・建設部門、産業・電力部門、運営メンテナンス部門、通信部門、石油化学・鉱業部門
【取引相手】サウジ王室、サウジ各省庁、ジェッダ市、サウジアラムコ、SABIC、エマール不動産
【URL】http://www.sbg.com.sa/

モスクからタワービルまで手がけるサウジ最大の建設会社

サウジ・ビンラディン・グループは11年8月に中東地域最大の富豪である**アルワリード・ビンタラール**の経営する投資会社から、ドバイの828メートルの「ブルジュ・ハリファ」を超える、世界最大のタワー型ビルの建設を請け負ったと報道された。SBGとはいかなる企業なのか？

SBGの創業者は、**モハメド・ビンラディン**という男だ。彼は、オサマ・ビンラディン

の父にあたる。モハメドは、イエメンのハドラマウト地方の名家の出身（ハドラミー）だ。10番目の妻の息子の1人がアルカイーダのリーダーのオサマだった。モハメドは、第一次世界大戦前に、イエメンからサウジアラビアに移住し、1931年、荷夫から身を興してサウジ最大の建設会社を一代で築いた。

SBGの公式ウェブサイトなどによると、サウド家のアラビア王国（だからサウジアラビア）の初代国王アブドルアジズは、王国内の建設工事を出入り業者となったSBGに任せた。まず**最初に手がけたのがメッカと並ぶイスラム教の聖地であるメディナの「預言者のモスク」の拡張工事だ**。このプロジェクトを成功させたモハメドはメッカの「聖モスク」の拡張工事も請け負った。これはじつに1000年ぶりの大幅な拡張工事だった。この協力関係は、初代国王の次の2代目のファイサル国王になっても続く。メッカの大事業はファイサル、そして第3代のハリド国王の代で完成を見た。20年かかったことになる。

さらにモハメドは1964年にはイスラム教にとって3番目に重要な聖地である、**イエルサレムにある「岩のドーム」の補強工事にも進出する**。69年には、同じくイエルサレムの「殉教者のモスク」が放火された後の修理も担当している。

さらにサウジ王国の生活インフラである「高速道路網」の建設も請け負うようになって

いく。その中でも特筆すべきなのはメッカ市街地から、サウジ東南のタイフまでを結ぶ高速道の建設だった。タイフは標高約２０００ｍという高地にあり、建設工事の際には、ブルドーザを一旦分解して運んだりしなければならなかったほどの難工事だった。

この55キロの高速を完成させたことが、ＳＢＧのサウジでの存在感を決定づけることになった。契約は王室の侍従長と直接かわされ、王室の許可が得て成立していた。サウジにはこの当時、入札制度は存在せず、**SBGは、67年までの数年間イスラム教聖地についての唯一の請負業者だった**。モハメドは便宜を受ける代わりにサウジ王室に金融と商業の基礎を教えたという。当時ＳＢＧはサウジにおいて債券を発行できる唯一の私的機関でもあった。

この工事が完成する前後の１９６７年、創業者であるモハメドが死去。家業を引き継いだのが**サーリム・ビンラディン**であったが、実質的には建設技師でファイサル国王から任じられてＳＢＧの経営指南にあったムハンマドの母方の叔父ムハンマド・バハレスが社を切り盛りした。やがてバハレスは一族の財政顧問になる。だが、サーリムは、イランでの武器売買取引やアフガニスタンのムジャヒディンと言われる反共ゲリラ幇助に関与していたとの疑いが絶えなかった。そして１９８８年にサーリムはテキサスで不可解な飛行機事

300万人もの巡礼者が集まったサウジアラビア西部メッカのカーバ神殿
写真：ロイター/共同

故のせいで死んでしまう。

事故死のあと一族の年長者である**バクル・ビンラディン**が13人の兄弟から推挙を受け後継者となった。今もグループの名目上のトップはバクルである。ところが、ジャーナリストのギョーム・ダスキエによると、第二世代の兄弟に当たるヤヒヤー、イエスラム、ハサンも合わせて実力者だったらしい。結局、SBGというファミリービジネスでは集団指導体制がものをいっていたわけだ。第二世代では、イエスラムがスイスにおける金融担当であり、サウジ投資会社（SICO）を指揮している。**現在のSBGの経営陣や取締役会メンバーを見てみると、会長はバクル、副会長がヤヒヤー、国際事業担当の執行上級副社**

長がハサンとなっている。

バクルは写真をメディアにとらせないことで有名だ。中東経済を紹介する「アラビアンビジネス」誌の「リッチリスト500」（2011年版で第12位）の紹介記事でも横顔が写っているものがあるだけだ。

イスラム12億人の市場を視野に入れ世界へ進出

現在はSBGは冒頭で紹介したジェッダの世界最大のタワーの受注のほか、南北の鉄道計画や、メッカにおける幾つかの計画、30本もの巨大ビル建設計画がある「**キング・アブドラ金融特区**」（**KAFD**）のプロジェクトを抱える。ジェッダのタワーはKAFDの象徴的なプロジェクトになるようだ。ビルのデザインは米国の建築会社。中東にまた1つ石油マネーが生み出す巨大建造物が出現する。SBGに群がる下請け業者が地元経済を潤すのではないかとも言われている。全長は1キロで総額は12億ドルという。

アルワリード王子の持株投資会社である「キングダム・ホールディングス」は、ジェッダ開発を請け負う王室系の会社であるJECの株式を33％保有している。SBGも16％の資本参加を果たす。

近年、中東及び北アフリカ諸国経済（ＭＥＮＡ）をテーマにしたファンドが出現しているように、近年のドバイ・ショック（不動産バブル崩壊）の傷跡はまだ残っているが、この地域への関心は高まっている。**ＭＥＮＡとは、サウジアラビア、アラブ首長国連邦（ＵＡＥ）、クウェート、カタール、オマーン、バーレーン、トルコ、ヨルダン、エジプト、モロッコ、レバノン、チュニジアの12カ国**のことだ。

従来サウジ王室の出入り業者だったＳＢＧの事業もこの地域に急拡大している。ドバイに本拠がある中東開発（ＭＥＤ）部門は、ジブチやイエメンに新しい都市を建設するプロジェクトを発表した。これは総額２０００億ドルの計画と言われているが、このうちの少なくとも１００億ドルを**タレク・ビンラディン（バクルの兄）**が出資するようだ。

すでに報道されている内容ではＳＢＧはジェッダに建設予定の「キング・アブドルアジズ国際空港」の拡張工事の受注を得ている。年間３０００万人の空港利用客を倍増させる狙いがある。ジェッダがメッカに極めて近いことも、イスラム教聖地に関する建設事業を手がけたＳＢＧにとって有利だったのだろう。

サウジで圧倒的な存在感を示すＳＢＧの競合他社で有力なのは、ＵＡＥ最大のゼネコンと言われる**アラブテック社**とエジプトのオラスコム建設、それからサウジ国内にある**サウ**

ジ・オジャーだろう。アラブテックの経営者はパレスチナ生まれのリアド・カマルCEOであり、オラスコム建設はエジプト最大の財閥を支配するサウィリス一族の**ナセフ・サウィリス**。そしてサウジ・オジャーの経営はレバノンの前首相の一族のサアド・ハリリとアイマン・ハリリらだ。

面白いのはオラスコムとアラブテックの社外取締役に就任している**アリフ・マスード・ナクヴィ**という人物で、中東をテーマにした投資活動を行っているPEファンドである**アブラージ・キャピタル**の創業者だ。ナクヴィはダヴォス会議で「新しいアジアのリーダー」に選ばれたこともある。

ただ、これらのゼネコンはサウジではSBGと競争するのではなく、SBGとJVを組むことによって足がかりを得ている。ブルジュ・ハリファの施工主であるドバイのエマール不動産もそのひとつで、前出のJECに出資してSBGと協調している。アラブテックもサウジ東部の5000戸の住宅建設計画をSBGから請け負っている。SBGを敵に回してはサウジでビジネスはできないようだ。

ただ、その他の中東地域ではSBGと各社はライバルだ。2022年にサッカーのワールドカップが開催されるカタールではアラブテックがスタジアムの建設などのW杯特需の受注を狙っている。またアラブテックは中央アジアのイスラム諸国やアフリカのアンゴラにも足がかりを築こうとしている。SBGもカタールではカタール・ディアール社との合弁企業を組んで、市場の取りこぼしがないようにすでに動いているし、中東全体への展開を目指していることに変わりはない。

SBGは更には中国との提携すら視野に入れている。07年にはSBGはマレーシアのインフラ企業と組んで、**中国アルミ**のためのアルミ精錬工場を建設している。さらに気になるところでは、サウジ国内のメッカ・メディナ高速鉄道の案件が報じられた際、今何かと話題に**中国の高速鉄道会社（中国南車）**やドイツの**シーメンス**と競合すると報じられたこともある。

イスラム12億人市場を視野にオサマの兄弟たちはアメリカ衰退後の世界戦略を練り始めているかのようだ。

ネスレとダノンの「ボトルウォーター戦争」

ネスレとダノンという2つの企業について私たちはよく知っている。インスタントコーヒーといえば「ネスカフェ」を、ヨーグルトといえば「プチダノン」を連想する人は多い。確かにそれらの商品はこの2つの多国籍食品企業の歴史を語る上でも重要だが、今、それらに匹敵する重要度を持つ部門が「水ビジネス」、すなわちペットボトル入りの水である。新興国を中心に水需要が増すことで、有名ブランドを持つ両社はしのぎを削るが、浮かび上がる問題も多い。

創業100年、世界最大手の食品企業・ネスレ

スイスを拠点に活動するネスレ、フランスを本拠に置くダノン。どちらも世界的なフードビジネスで存在感を持つ企業だ。現在は幅広い分野に手を広げ、競合する部門も多いが、両社はもともとそれぞれ、「乳幼児用乳製品」、「ヨーグルト」の販売からスタートしている。

ダノンSA
【本社】フランス、パリ市
【設立年】1919年（スペイン）1955年（フランス）
【従業員総数】10万995人（2010年）
【上場】パリ証券取引所（BN:PAR）
【経営陣】フランク・リブー（会長兼CEO）※著名元経営陣：アントワーヌ・リブー（現在のCEOの父でガラスメーカーであるBSNをダノンに転換した）
【主要部門】水・乳製品（ヨーグルト）・幼児食品、栄養食品
【主なブランド】エヴィアン、ヴォルヴィック、ダノン、アクティバ（ヨーグルト）
【備考】フォーブス2000（世界222位、2012年）
【URL】http://www.danone.com/

ネスレ
【本社】スイス、ヴヴェイ市
【設立年】1866年
【従業員総数】約33万人（2012年）
【上場】スイス証券取引所（NESN:VTX）
【経営陣】ペーター・ブラベック＝レッツマット（会長）、パウル・ブルケ（CEO）
【主要部門】飲料・水・乳製品・菓子・ペット用品他のブランド
【主なブランド】ネスカフェ、ネスプレッソ、キットカット、フリスキー
【備考】フォーブス2000（世界40位、2012年）
【URL】http://www.nestle.com/

歴史が古いのはネスレの方で、母体となったのは、19世紀後半に「良質で長期保存が出来るミルク」のニーズに答えるために2人のアメリカ人によってスイス国内に設立された「アングロ・スイス練乳会社」と、栄養不足による乳幼児の死亡率に心を痛め「母乳の代替商品」を開発しようとした**アンリ・ネスレ**が、合同で設立した1905年の「ネスレ・アングロ・スイス練乳会社」の2社がその母体である。8年後（大正2年）には横浜に進出、練乳やミルクフードなどの営業活動を始めている。米国にはすでに1900年に進出していた。**ネスレの会社ロゴは「親鳥がひな鳥に栄養を与える様子」を描いたもので、乳幼児の死亡率に心を痛めた創業者アンリの思いが表されているという。**

第一次世界大戦時は、各国政府からの乳製品需要で潤った。その反動で戦後は低迷したが、スイスのチョコレート会社を買収。**キットカット**につながるチョコレート部門を開拓し、1938年には、今も人気ブランドの**「ネスカフェ」**を開発。これが第二次世界大戦になると、軍人の間で大ヒットとなる。ネスレは二度も世界大戦で救われたわけだ。

戦後もスープブイヨンのマギなどブランド確保を図る戦略をとったが、風変わりなのは、1974年にフランスの化粧品会社の**ロレアル**の株式を取得したほか、77年には、米国の眼科領域に特化した医療用医薬品専門会社「アルコン」にも出資したことだ。アルコンへの出資は08年にスイスの医薬品会社のノヴァルティスに売却することで終わっているが、ロレアル株は今も3割ほどを保有している。

ロレアルの筆頭株主は、サルコジ前大統領などとも関係が深かったフランス政界の大御所ともいうべき、**リリアン・ベタンクール**。そのため、高齢のベタンクールが死去した後には、ネスレがロレアルを買収するか非上場化するのではないかという声もあるらしい。そのロレアルは、フランスの製薬会社サノフィ＝アベンティスの株式を10％だが保有している。ネスレとロレアルは合弁で医療、栄養や食の安全に関する研究所を運営している。

ネスレは、基本的に大規模競合他社との企業合併とは無縁の会社である。したがって、企業規模拡大はもっぱらネスレ側がブランドを買収することによって行われている。日本でも見かける有名なブランドだけを挙げると、**ブイトーニ**（パスタ、イタリア：88年）、ピュリナ（**フリスキーズ**などペットフード：2001年）、ドライヤーズ（**ハーゲンダッツ**：2003年）、クラフト社の北米事業（冷凍ピザ、2010年）などがある。従来のチョコ、スープ、コーヒー、乳製品だけではなく、アイスを含めた冷凍食品、ペットフードに手を広げているのが特徴だ。12年になっても、製薬世界最大手の米ファイザーの幼児向け栄養補給食品事業を118億5000万ドル（約9600億円）で買収すると発表した。**乳幼**

ネスレ（Nestlé）年表

1867年	アンリ・ネスレがスイス、ヴェヴェーに会社設立
1905年	アングロ・スイス練乳会社との合併
1929年	スイスのチョコレート会社の買収
1938年	インスタントコーヒー「ネスカフェ」発売
1974年	仏化粧品会社「ロレアル」の株式取得
1977年	米薬品会社「アルコン」への出資
1992年	「ペリエ」の買収
2001年	北米のペットフード会社「ラルストン・ピュリナ」社買収
2007年	ノヴァルティス社の栄養食品部門を買収
2010年	アルコン株をノヴァルティスに売却。クラフト社の北米冷凍ピザ事業を買収

児向けという原点は忘れないが、それ以外にも先を見据えながら幅広くやっていると言う感じだ。2011年には中国の菓子メーカーや飲料メーカーにも6割ずつ出資している。

そして重要な買収としては、1992年の**「ペリエ」（瓶入り炭酸水）**の買収がある。ネスレは現在はミネラルウォーター部門を**「ネスレ・ウォーターズ」**として独立させている。**ペリエ**や**ヴィッテル**、**サン・ペレグリノ**など11種類のブランドを保有している。この部門は11年度で営業利益率では全体の8％であり、23％を占める粉コーヒー部門や2割を占めるペット用品部門に比べると確かに低い。しかし、北米での取水活動が問題になったことがある。

なお、現在のネスレ会長とCEOは共に社内の人事によって出世した「生え抜き」である。一方の会長の**ピーター・ブラベック**はクレディ・スイス銀行副会長でもあり、ロレアル取締役会のほか、エクソン・モービル取締役会などのメンバーであり、欧州産業ラウンドテーブルやダヴォス会議でも主要な位置にある。

合併・買収を経て巨大化したダノン

一方、ヨーグルトや乳製品の会社として知られるダノンだが、**20世紀後半の一時期は、そのヨーグルトや飲料を入れるガラス容器も製造していたことは今ではほとんど知られていない。**ダノンはネスレと違って、複雑な企業再編のもとに晒されて今に至っている。単純に母体企業がブランドを買収して大きくなったというわけではないのだ。

現在のダノンは19世紀中からチーズ製品を販売していたジェルベ（Ｇｅｒｖａｉｓ）とスペインやフランスでヨーグルト事業を始めたダノン（Ｄａｎｏｎｅ）と、フランスでガラス事業を行っていた、ブソワ・スション・ヌベスル（ＢＳＮ）の3社からなる。現在のダノンはガラス事業は行っていないが、１９７０年代までは、ヨーグルトを入れる容器とヨーグルトの生産を一つの企業が行なっていたわけだ。しかも、現在の経営トップである**フランク・リブー**ＣＥＯは、このガラス会社ＢＳＮの経営一族であり、ジェルベもダノンもその創業者は今は経営に関わっていない。

　現在もダノンの主力であるヨーグルト事業の生みの親は、**アイザック・カラッソ**と呼ばれるスペインのユダヤ人である。1919年に、カラッソは食事療法として、中央アジアやバルカン地方で利用されている「ヨーグルト」（ケフィアともいう）の存在を医師から聞きつけ、これが腸管疾患に苦しむ子供たちを救えるのではないかと考えたという。設立当初はスペインで少量生産をしていたが、やがてアイザックの息子のダニエルがフランスに移転、ダノンを設立する。**ダノンという社名は「ダニエル」に由来する**。やがて、ダノンはチーズ製品が主力のジェルベと合併するが、これは戦後1967年のことである。

　一方、現在の経営トップに二代にわたって「世襲」してきたのは、**アントワーヌ・リブー**と**フランク・リブー**の一族だ。アントワーヌは1958年に39歳で一世紀前からリヨンで続くガラス事業を引き継いでBSNという大企業に育てあげた。当時は加工ガラスを扱っていたが、やがて66年には板ガラス事業を行う別の企業を買収する。しかし、フランス国内には1665年に創業した**サン・ゴバン**という超老舗が業界に君臨していた。アントワーヌ・リブーは、1968年にその大老舗に買収を仕掛けるが、失敗に終わる。なお、サン・ゴバンはイギリスのピルキントンや旭硝子、日本板硝子と並んで現在も業界のトッ

ダノン（Danone）年表

1919年	アイザック・カラッソがスペイン・バルセロナでヨーグルト製造会社（ダノン）設立
1958年	フランスでアントワーヌ・リブーがガラス製造会社LVSNを設立
1966年	リブーの会社が買収を同業他社を吸収合併しBSNに
1967年	ダノンがチーズ会社のジェルベと合併
1970年	BSNが飲料水事業（エヴィアン）やビール事業（クローネンブルク）にも進出
1973年	BSNがジェルベ・ダノンと合併
1981年	ダノンの北米事業を買収
1982年	ガラス工場をBSN―ジェルベ―ダノンがすべて売却
1992年	飲料水ブランド「ヴォルヴィック」の取得
1994年	BSNは会社名を「グループ・ダノン」に改称
1996年	フランク・リブーが新CEOに
1996年	中国の杭州娃哈哈（ワハハ）集団との合弁事業を開始
2010年	ダノンがワハハとの商標紛争調停後、保有する合弁事業株（51%）をワハハに売却したと報じられる

プに位置する（現在はサン・ゴバンは世界3位）。

買収戦に敗れたBSNは、今度は食品事業に乗り出す。自社のガラス瓶企業を保管できるものとして、飲料水の**エヴィアン**やクローネンブルク（ビール、現在はカールズバーグ傘下）や幼児食品に目をつけた。実はBSNは1915年からエヴィアンについては権利を一部持っていたが、1970年に完全に傘下に置く決断をしたのである。そして、1973年には、ジェルベ・ダノン社も買収する。すでに同社は食品事業で欧州だけではなく、ブラジル、メキシコまで進出していた。アントワーヌ・リブーとダニエル・カラッソの2人が合意することで、現在のダノン・グループの大枠が出来上がった。一方のガラス事業については、競争相手であったピルキントン・ブラザーズなどに次々と売却しており、今は全く影も形もない。70年代後半以降は、だいたいネスレと同じように買収を一方的に繰り返して成長するというスタイルを取る。

ジェネラル・ビスケット（1987年）、企業ファンドによる巨額買収の舞台となったRJRナビスコの欧州部門（1989年）やパスタ事業を買収するなどしているが、一方で、ビール部門を2000年に、07年にはビスケット部門を綺麗さっぱり売却する経営判断も見せる。リブーは、事業を再編するにあたって、**「乳製品」「ミネラル・ウォーター」「医療用栄養食品」という3分野に集中する決定**を行っている。医療用栄養食品はオランダの企業を買収したことで核になったもので、これがビスケットと入れ替わり重視されたようだ。

ミネラル・ウォーター部門では、ダノンはかつてネスレとペリエの買収をめぐって争ったこともある。当時はペリエがヴォルヴィックを保有していたが、92年の買収戦ではペリエはネスレ、ボルヴィックはダノンというふうに話し合いがまとまったので、今のような形になっている（**２０１１年度、ダノンの売上高に占める水部門は全体の17％であり、乳製品の58％よりは少ないが大きな柱である**）。

ダノンは世界中で合弁事業をやっている。日本でも現在、ヤクルト株を2割保有している。近年はダノンは中国にも進出しているが、ここで痛い経験をすることになる。それが中国・杭州を拠点にする**杭州娃哈哈（ワハハ）集団**の**宗慶後**との合弁事業の主導権をめぐる争いである。ダノンとワハハは中国で合弁会社を結成していたが、ブランドの商標利用権を巡る争いから、中国におけるミネラルウォーター・ビジネスの覇権争いにまで進展した。

合弁は１９９６年に始まる。ワハハは合弁会社を通じて事業拡大の資金とノウハウをダノンから吸収する狙いで、一方のダノンは中国における橋頭堡を築く狙いがあった。しかし、10年経ってしまうと、ワハハが力をつけたこともあり、双方の主導権争いが露呈してしまう。これは中国や新興国で先進国の企業が合弁事業をやった場合に多かれ少なかれ共通する問題のようだ。結局、裁判闘争にまで持ち込まれたものの、この騒動は「ダノンがワハハを乗っ取ろうとしている」と主張した宗会長の勝利に終わった。

ただ、一方で**中国では買収を「仕掛ける側」だったダノンはフランス本国では買収から**

「守られる側」にあるのも皮肉なものだ。

フランスでは2005年のシラク政権の折、まだ世界不況が深刻化していない世界規模での企業買収ブームの中で、「フランス国内にとって重要な産業をどうやってアングロサクソンの投資家から守るか」という「経済愛国主義」が話題になった。その時、戦略的に重要な産業の一例として、ダノンが挙げられたのだ。同政権では重要産業を買収の阻止をするための法律が「ダノン法」と呼ばれたのである。

今後、新興国を舞台に展開されるボトルウォーター戦争

すでに述べたように、ネスレもダノンもそれぞれペリエやエヴィアンなどの世界的に有名なボトルウォーター事業を抱えている。そこでは、水ビジネス企業が飲料水源を囲い込むことが問題になっている。この問題は、ネスレやダノンだけに限らず、米国のコカ・コーラやペプシにも共通する問題である。問題になっているのは主に公的な水道網が発達していないために飲料水が行き渡らない発展途上国であるが、アメリカ国内でも過剰な水の汲み上げによって水源が枯渇する問題も起きており、世界的に今後さらに問題になる可能性がある。

インドでは水道水の衛生基準が決まる前に、ボトルウォーターの方の基準が先に決まっているという逆立ちした状態になっているといい、グローバル水企業の過剰な汲み上げによって周辺の井戸が枯渇するほか、ボトル洗浄に使った薬品が地下水を汚染する問題が90年代末から起きている。

途上国の水に関しては、スエズやヴェオリアなどのウォーターバロンと呼ばれる水道ビジネスが水道民営化をすることで料金が高くなるということがすでに指摘されている。それ以外にもボトルウォーターの過剰な消費という問題があるわけだ。

水ビジネスによる水の汲み上げ問題はアメリカのカリフォルニア州やコロラド州、フロリダ州、ミシガン州など複数の州でも問題になっている。ペリエなどのブランド水ならばともかく、米国内の水源からわざわざ取水してそれに利益を載せて販売するわけだからもうからないわけがない。「開発教育協会」のウェブサイトの報告によれば、ボトルウォーターはフランスやイタリアでは一人年間140～150リットルで消費はすでに頭打ちとなり、米国は85・5リットルで日本は11・5リットルということだ。そして、今後、中国やインドネシアなどの需要が急増すると見られており、ダノンの中国進出や、他のメーカーの新興国展開はその現れと言える。

主な競合企業（食品　Food Processing）

スイス：ネスレ（40位）、英蘭：ユニリーバ（107位）、米：クラフト・フーズ（116位）、仏：ダノン（222位）、米：アーチャー・ダニエルズ・ミッドランド（239位）（参）味の素（925位）

アンハイザー・ブッシュ・インベブ

世界最大のビールメーカー、アンハイザー・ブッシュ・インベブ（ABI）は欧州・アメリカ大陸を席捲するグループで本社はベルギー、CEO（最高経営責任者）はブラジル人である。バドワイザーを保有する米メーカーをも吸収した。新興国の消費市場に期待を寄せるのはビール業界も同じだ。

【本社】ベルギー・ルーヴァン
【設立年】1366年（ベルギー・アルトワ創業）、1860（米・AB社創業）
【拠点数】23カ国
【従業員数】11万4000人
【決算】12月末
【上場】ユーロネクスト・ブリュッセル:ABI、NYSE:BUD等
【経営陣】カルロス・ブリト（CEO）、ペーター・ハーフ（会長）
【傘下企業】アンハイザー・ブッシュ（米）インターブリュー（ベルギー）アンベブ（ブラジル）
【主要ブランド】バドワイザー、ステラ・アルトワ、ベック、ホエガーデン、レッフェなど
【主な競合他社】SABミラー（南ア・英）、モルソンクアーズ（米）、ハイネケン（蘭）、カールスバーグ（デンマーク）、グロポモデロ（メキシコ）など。
【URL】http://www.ab-inbev.com/

有名ブランドの買収を繰り返して業界ナンバーワンへ拡大

ＡＢＩは、ベルギーの「**インターブリュー**」（**ＩＢ**）、ブラジルの「**アンベブ**」（**ＡＭＢＶ**）、そしてアメリカの「**アンハイザー・ブッシュ**」（**ＡＢ**）の合併で出現した巨大ビール帝国だ。2位の**ＳＡＢミラー**（南アフリカ・英国）もその前ではかすむ。それぞれ、ステラ・アルトワ、ブラフマ、バドワイザーという有名ブランドを抱えるＡＢＩの各グループの歴史は、なんと実に14世紀後半のベルギー・ルーヴァンの修道院に始まる。中世ヨーロッパでは修道院の権限は絶大であり、僧侶たちはパンだけではなくビールなどの種類も生産していた。

IBはそのような2つの「**アビービア**」修道院ビールを生産していた醸造業者の合併によって1987年に生まれた。その内の1つセバスティアン・アルトワはブランド名になっている。90年以降の欧州経済統合の流れの中で、IBはベルギービール以外に手を広げ、ドイツのベック、カナダのジョン・ラバットといった欧州・北米の有名ブランドを買収して拡大していった。

また、ブラジルのAMBVは宗主国であったポルトガルやスイスとの関係が深い。この地にビールがもたらされたのは19世紀初頭と言われる。1885年になるとサンパウロ地区に「アンタークティカ」という醸造会社が設立され、その3年後にはスイス人のヨゼフ・ヴィリゲルが後にアンベブの主要ブランドとなる「ブラフマ」（ヒンズー教の神様）と名付けられたブランドを販売するようになる。この2社が1980年代までにブラジルのビール市場をあらかた統合していく。そして、重要な動きは90年にあった。この年、ブラフマはガランティア銀行に買収される。この銀行の経営者が米銀クレディ・スイス出身の**ジョルジ・パウロ・レマン**と**マルセル・テレス**の2人だ。新しい経営陣によりブラフマはアメリカ式に鍛えなおされ、国際的に拡大する。一時はブラフマが米国のミラー（現在はSABミラー）と、アンタークティカがアンハイザー・ブッシュと各々提携したが、結局、

食品

銀行家レマンの手腕で99年にアンタークティカは買収され、これがアンベブとなる。

最後にアンハイザー・ブッシュだが、バドワイザーを保有する同社は創業一族である**ブッシュ家**（Busch　元大統領とは関係ない）によって支配されてきた。もともと同社はミズーリ州セントルイスにドイツ系移民で石鹸の行商人だったエバハルト・アンハイザーが手に入れた醸造工場が始まり。アンハイザーの娘婿であったアドルフス・ブッシュがドイツ仕込みのビール醸造術をマスターしていたことから事業を譲り受けることになった。ブッシュはドイツの修道院で手に入れた〝極秘の製造法〟を武器に冷蔵機能をもった鉄道の発達とともに、南北戦争後の1876年に**バドワイザー**を市場に送り出す。他のビール帝国と同じく、バドワイザー以外にも買収の網を広げていった。

また、ブッシュ一族は、第一次大戦時にはビール工場で生産にディーゼルエンジンを使っていたことから、潜水艦用のエンジンを生産する子会社を設立するなど愛国的な企業家としても知られていた。**1920年代の禁酒法の時代には冷蔵車の開発や、ソフトドリンクの販売など周辺分野に手を出してしのいだ。**禁酒法時代が終わるとABは広告キャンペーンを展開するなどバドワイザーの売上回復のために尽力した。

第二次世界大戦の頃になると、経営陣は**アドルフス・ブッシュ三世**の時代を迎えており、

ABIブランドの主要なビールの原産地

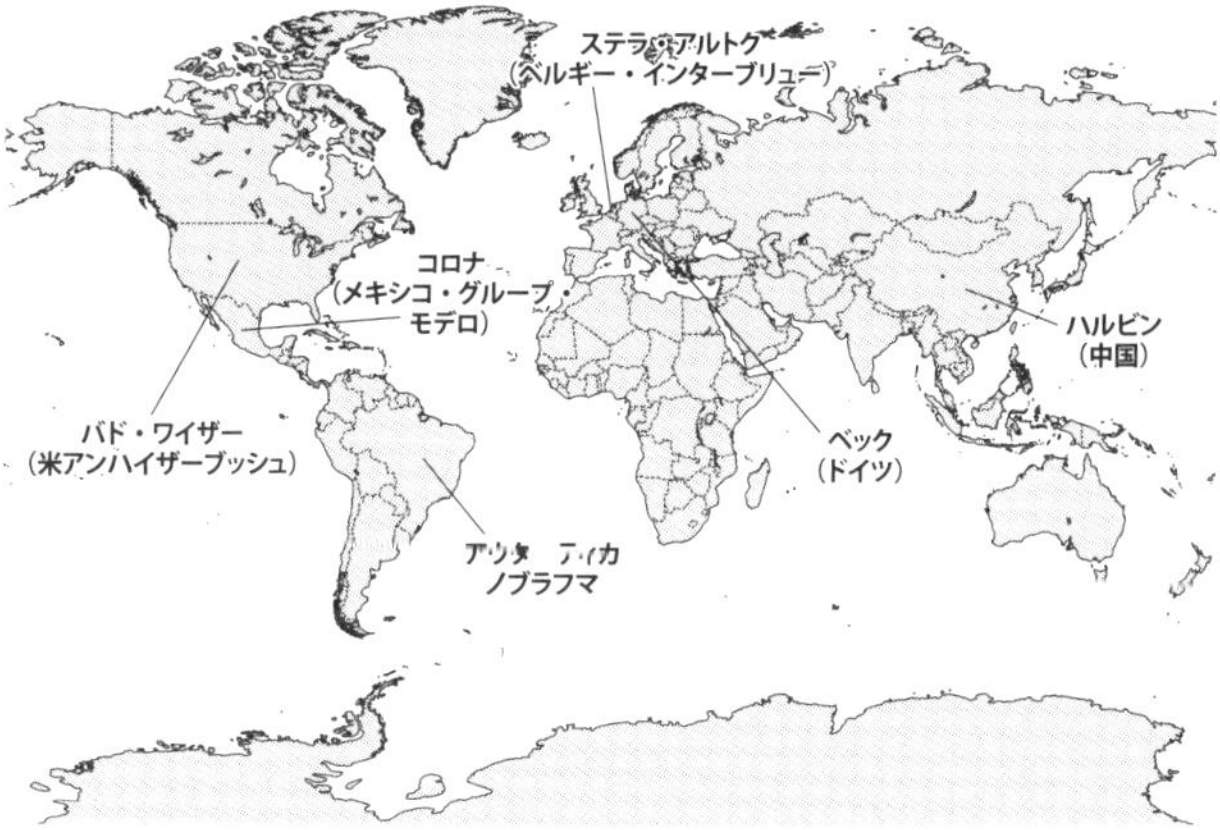

1941年には生産量で300万バレルに達していた。終戦直後にブッシュ三世が死去すると経営は**オーガスト・ブッシュ二世**が取り仕切るようになる。ビール消費の拡大を目指して1953年にセントルイスの地元球団の買収を行ったり、ラジオ局の保有を行ったりと宣伝広告活動に更に力を入れた。後を継ぐのもオーガスト二世の息子である。同社が国際子会社を設立し、**日本にバドワイザーが入ってきたのは1981年だ。**

当時の最大のライバルのミラーが、70年代に低カロリーの「ライト・ビール」を売りだしたことでABもライト市場に参入。今もバドワイザーよりも「**バド・ライト**」の方が全米で人気がある。80年代にはオーガスト三世はビール事業以外にも幅広く手を出している。菓子メーカーや「ブッシュ・エンターテインメント」(フロリダ州)などのテーマパーク事業だ。このうち、テーマパーク事業は投資ファンドのブラックストーンが09年に買収している。

巨大メーカーが売却と買収でしのぎを削るビール戦争

現在の一族の長は**オーガスト・ブッシュ四世**。08年にインターブリューとアンベブが合併してできたインベブから友好的買収提案を受けたときは、AB取締役会は当初は買収提案金額が低いとして拒絶したが、最終的には敵対的買収を520億ドルで受け入れている。この時もインベブ側でレマンたち銀行家が活躍した。

ABIの現CEOの**カルロス・ブリト**は1989年にアンベブに入社したが、以前はシェル石油やダイムラー・ベンツにいた経歴を持つ。現在、同社のウェブサイトでは取締役は独立系が会長のペーター・ハーフを含め4人、大株主であるアンベブやインターブリューを代表するベルギー人やレマンやテレスなどのブラジル人であり、**ブッシュ一族は2011年の役員交代で取締役会から正式に退いている。**ABの北米責任者もブラジル人だ。

ＡＢＩは中国市場で近年大きな動きを見せた。09年に27％保有していた**青島ビール**の株式のうち19・99％を日本のアサヒビールに売却、残りも売却し中国戦略の見直しをはかった。一方で主要市場（シェア7割）であるブラジルでは15億ドルかけて新工場を建設、キリンが買収した同国ナンバー2のスキンカリオールと競うさらなる販売攻勢を仕掛ける。バドワイザーのライバル、ハイネケンは、グループ・モデロの「コロナ」に続くメキシコ第2のフェムザを買収。2位のＳＡＢミラーはオーストラリアのフォスターズ買収を狙ったが今のところ失敗している。なお、ミラーは中国でバドライトに続く、世界第2位のブランドである「雪花啤酒」を香港企業「華潤創業有限公司」と共同生産している。

今後のＡＢＩのひとつの課題はＡＢ買収時にで大きく膨れてしまった負債の縮小だろう。08年から09年で約６００億ドルから約５００億ドルへとその額を１００億ドル減らしているが、10年はその縮小勢いは鈍化している。債務削減は非中核資産・ブランドの売却によるものであるから、当面は新しい巨額買収には打って出られない。既存ブランドをうまく活用し、安定的に半数の収益（約45％）を確保する北米市場を維持しつつ、これから伸びる新興国（南米29％）で安定的に業績を上げていくことになろう。

主な競合企業（ビール・飲料　Beverages）

米：コカ・コーラ（87位）、米：ペプシコ（88位）、米欧：アンハイザー・ブッシュ・インベブ（93位）、英:SABミラー（247位）、英:ディアジオ（254位）（参）日本：アサヒ・グループ・ホールディングス（642位）

ウォルマート・ストアーズ

1972年の上場以来、純売上高が毎年増え続けている巨大企業がウォルマートだ。アーカンソー州で始まった総合小売りの雄もさすがに米国内での成長に限界も見え始め、成長の源を国外のチェーン拡大に見出そうとしている。グローバル企業として知られる割には現在15カ国でしか展開していない。EDLP（エブリディ・ロープライス）の福音はどこまで届くだろうか。

【本社】米アーカンソー州、ベントンヴィル
【設立年】1962年
【拠点数】15カ国
【従業員数】約210万人
【上場】NYSE:WMT
【経営陣】S・ロブソン・ウォルトン（会長）、マイク・デューク（CEO）、H・リー・スコット（前CEO）
【主要部門】米国部門、国際部門、サムズ・クラブ（ホールセール型店舗）
【日本国内子会社】西友
【URL】http://walmartstores.com/

創業者一族で株式の半数近くを保有するメガ流通企業

創業者の**サム・ウォルトン**（1918生）は1992年に亡くなっており、現在、取締役会長を務める、**ロブソン・ウォルトン**は1944年生まれの長男である。ウォルマートは2011年になって自社株買いを繰り返した結果、2012年4月現在では推定で一族の保有株が48・2%と半数に達する勢いであると報じられた。一族の株式を管理する同族会社がウォルトン・エンタープライゼス社であり、創業者サムの息子や娘となるロブソン会長、アリス、ジムらが支配する会社である。息子たちは米雑誌『フォーブス』が毎年発

「世界富豪ランキング」（2012年）入りしたウォルトン一族

世界	総資産額：1027億ドル	
11位	Christy Walton & family クリスティ・ウオルトル=サムの息子の妻	253億ドル
16位	Jim Walton ジム・ウォルトン＝サムの息子（末っ子）	237億ドル
17位	Alice Walton アリス・ウォルトン=サムの長女	233億ドル
18位	S. Robson Walton ロブソン・ウォルトン=サムの長男	231億ドル
288位	Ann Walton Kroenke アン・ウォルトン・クロエッケ＝サムの弟の長女	39億ドル
330位	Nancy Walton Laurie ナンシー・ウォルトン・ローリー＝サムの弟の次女	34億ドル

出典：Forbs The World's Billionairs 2012

表する「アメリカ富豪400人」にランクインしており、現在の一族トップはサムの次男ジョンの未亡人のクリスティ（56歳）で全米4位（2011年）の265億ドル。ジム（7位：213億ドル）、アリス（8位：212億ドル）、ロブソン（9位：210億ドル）など計7人がランク入りしている。92年に初の首位になったビル・ゲイツの現在資産総額は540億ドルだが、サムは82年から88年まで首位を独占したのである。その意味ではロックフェラー一族のような存在だが、あまり目立たず国際的パワーエリートではないところが違う。

サムはもともとウォルマートを弟のジェイムズと一緒に創業するまでは、すでに存在した別のストアチェーンの経営者だった。順調に経営業績を挙げていたウォルトンは、このチェーンの本部に郊外型の大型店をオープンするように進言したが受け入れられなかった。そこでサムは独立を決意。これがウォルマートの誕生である。

ウォルマートのビジネスモデルは「多品種低価格」を売りにした郊外型の巨大倉庫のような店舗展開で、その鍵を握るのは全米各地に展開する物流センター。半径250マイルに散らばる100の店舗をひとつのセンターが請け負う。

欧州から撤退を余儀なくされ新興国へ

同社のウェブサイトには株式上場の1972年からのすべての年のアニュアル・レポートが誇らしげに掲載されているが、目を引くのは毎年掲載される店舗数の拡大をグラフィック化した全米の地図と各年の「売上高」の棒グラフである。1970年に2500万ドル強だったが、79年には9億ドルに、現在は4218億ドル。成長は続けているが伸び率は87年の前年比4割増よりは鈍化して10%以下である。**店舗数は現在全米で4413、海外全体で4557店舗である。**10年前のほぼ2倍である。アーカンソーやオクラホマといった南部諸州から拡大を続け、1995年に全米制覇を成し遂げたのはヴァーモント州だった。国際進出のスタート地点となったのは91年のメキシコであり、現在は日本も含む15カ国に進出しているが、現地チェーンである**ＡＳＤＡ（アズダ）**を買収したイギリスを除く他の欧州では撤退している。

　これはフランスではファッション富豪のベルナール・アルノーが出資するカルフール、ドイツでは**アルディ、メトロ**といった地元の大型チェーンがあるためであり、**その国々の出店規制や営業時間といった文化的特性ゆえウォルマートのビジネスモデルが受け入れられないためだ。**ドイツではフォーブスの世界富豪ランキングでもウォルトン一族と肩を並べる、アルディを経営する**カール・アルブレヒト**（世界第12位：２５５億ドル）などの勢力が強いのである。そのような要因もあり、ウォルマートは２００６年にドイツと韓国から撤退している。ウォルマートが強いのは南米であり、中国では今はカルフールを抜いて外資系チェーンでは首位にあるものの、中国の7割は地場チェーンや既存零細小売店が占めている。インドへは09年にインドの富豪バルティ・グループと提携、ブラジルでも04年にボンプレッソ・チェーンを買収し、現在は４８３店舗に拡大している。

　ウォルマートについては、全米の昔ながらの地域小売業を壊滅させたことや、〝アソシエイト〟と呼ばれるレジ打ち店員の低賃金労働を定着させたなどの批判がある。興味深い

主な競合企業（食品小売　Food Retail）

英：テスコ（117位）、豪：ウェスファーマーズ（188位）、日本：セブン＆アイ・ホールディングス（230位）、豪：ウールワース（258位）、独：メトロAG（343位）、仏：カルフール（347位）※「格安小売」分野に、米：ウォルマート（16位）

のはウォルマートが全米快進撃を続けている86年から92年に取締役会のメンバーだったのが当時のアーカンソー州知事夫人、**ヒラリー・クリントン**（現国務長官）であることだ。07年には全米労組を基盤に持つ民主党で大統領候補指名を目指していたヒラリーに対し、取締役時代に彼女が同社の有名な反労働組合の姿勢に対して取った態度が問題視されたことがある。ウォルマートの本社があるアーカンソー州には全米最大の精肉グループである**タイソン・フーズ**の本社もあり、こちらもクリントン大統領の強力な支援者だった。ウォルマートはロビー会社を通じて米政界工作をするためかグローバル人脈とのつながりは他の企業ほど強くはない。**リー・スコット前CEO**は最近までゴールドマン・サックスの社外取締役だったが、その在任期間もわずか1年である。ただし、デューク現CEOは現在、スコットと並び、ゴールドマンの影響力が強いとされる中国・清華大学のビジネススクール理事ではある。

ウォルマートは国内市場の飽和を見越して海外に視野を向けているが、文化の違いや労組を敵視する同社の姿勢が足かせになっている。共産党一党独裁の中国では06年に労組結成を認めたほか、党支部の結成まで認めざるを得なかった。売上高の拡大のため、南アフリカなどへも否応なく版図の拡大を迫られている。

サムスン（三星）・グループ

米ラスベガスで開催される世界最大級の家電見本市CESで、2012年1月にはサムスン電子社長は「今年は新たなスマートライフ」を実現する年にすると宣言。2011年第4四半期の連結営業利益はスマートフォン「ギャラクシー」が牽引し、今年は有機ELテレビやネット対応テレビで向かうという。ライバルのソニー「自滅」で我が世の春を謳歌する韓国最大の財閥（チェボル）に本当に死角はないのか。

【本社】 韓国・ソウル
【設立年】 1938年
【従業員数】 34万4000人（2010年）、うちサムスン電子19万500人
【決算】 12月末
【上場】 韓国証券取引所（A005930:KSC）
【経営陣】 李健熙（イ・ゴンヒ）会長、崔志成（チェ・ジソン）サムスン電子副会長兼CEO、李在鎔（イ・ジェヨン）同社長兼COO
【主要グループ企業・団体】 三星生命、三星テックウィン、三星重工業、三星物産、エバーランド、新羅ホテル、三星経済研究所、三星ライオンズ球団、三星文化財団など
【URL】 http://www.samsung.com/sec/
以下、財閥の中核である「サムスン電子」のデータ

中核企業サムスン電子は1969年創業

サムスン電子の現在の会長は李健熙（イ・ゴンヒ）で二代目だ。創業者の**李秉喆（イ・ビョンチョル）**が母体なる事業を起こしたのは日本占領時代の１９３６年。早大中退後に帰国し、精米所、トラック製造、不動産業から始め、慶尚北道の道庁所在地となる大邱（テグ）で起業した**三星商会**が現在の大財閥の母体になっている。朝鮮戦争の戦禍によって事業は無と化してしまったが、戦後51年に釜山で三星物産として復活。日本に古鉄を輸出し、

日本から砂糖、医薬品、肥料を輸入する商社として活動、これを原資金にして多数の会社を設立していった。いわば韓国民族資本のパイオニア的存在となり、李承晩政権と蜜月だった秉喆は、61年の軍事革命後の朴正熙政権の時代では不正蓄財疑惑が指弾されてしまう。冤罪で息子が一時逮捕されたり、強制的に肥料事業を国に供出させられるなどの憂き目にもあった。だが60年代には保険、放送、証券、デパート（現在は独立した「新世界」）まで経営するようになった。70年代になるとベトナム戦争の戦争景気を迎える。「開発独裁」ともいえるアジアの後進国型の軍事政権の産業政策も功を奏して、1970年代には高度経済成長を実現。「漢江《ハンガン》の奇跡」とも呼ばれる躍進を遂げた。初代秉喆は「韓国の松下幸之助か、ロックフェラーか」とまで呼ばれるようになった。

現在の中核であるサムスン電子自体の創業は69年である。78年には現在の主力部門の一つである半導体事業を設立、米国のマイクロンや日本のシャープからの技術移転を実現し、今も主力であるDRAMとよばれるメモリの製造を精力的に行うようになる。創業者が死去する87年にはサムスン財閥は当時の韓国のGDPの2割を稼ぎ出すまでに至る。**現在もサムスン電子は巨大企業だが、逆に言えば韓国市場がそれだけ大財閥寡占化であるということだ。これが90年代以降、欧米型の所有と経営の分離が実現していないとして欧米メデ**

イアからの「チェボル」批判につながっていく。

初代の跡を継いだのは三男の**健熙現会長**である。その経営は強力な家父長的なリーダーシップによるもので、何度となく「**経営危機論**」を展開し、社員の尻を叩いたことで知られる。就任後の93年に「**妻と子供以外は全て変えろ**」と意識改革を徹底し、「天才経営」「デザイン経営」などのスローガンを打ち出した。最近では韓国の製造業は先を走る日本と後を追う中国に挟まれているという「**サンドイッチ危機論**」を展開した。この間、サムスンは96年にテキサス州オースティンに巨額の工場投資を行うなど国際展開を続けていた。

97年からのアジア通貨危機によって、負債を増やし続けてきた韓国財閥が大きな危機を迎え、左派の金大中政権がIMF管理下での「ビッグディール」という構造改革を行い、財閥の事業整理を行った。**結果として主要財閥の株式の過半を外資が支配するという経済構造に変化させられてしまった。**サムスンは自動車部門を保有していたが、大半の株式をルノー日産に売却しており、自動車は現在・起亜、半導体・家電はサムスンやLGという財閥の住み分けが行われたのである。**現在では資産総額5兆ウォンを超える財閥グループ企業の間での、相互出資と債務保証が制限されており、チェボルといえども経営もだんだん透明化してきている。**

主なチェボル＝韓国財閥

サムスン（電子、機械、化学、金融、建設など）
LGグループ（電器、保険、化学、通信など）
現代グループ（現代・起亜自動車、現代重工など）
SKグループ（エネルギー、通信、建設など）
GSグループ（LGから独立。石油、流通、建設、駐車場経営など）
ロッテグループ（ホテル、百貨店、製菓、テーマパーク、球団経営、建設ほか）
斗山グループ（重工、原子力、建設機械、発電設備など）

ただ、サムスンをめぐっては、三代目への世襲をめぐり、不正資金疑惑が08年に世間を騒がせた。健熙の長男である**李在鎔**（**イ・ジェヨン**）に無理やりグループの経営権を譲り渡そうとするためにグループ持ち株会社となる非上場のレジャーランド会社株を不当な安値で譲渡したことや、検察に裏金をばらまいていたことなどが内部告発で暴露され、元幹部9人の起訴、会長自身の背任等による起訴、有罪確定というスキャンダルに発展した。健熙は一旦は辞任したものの、10年に李明博政権による特別恩赦で会長復帰、IOC理事として2018年の平昌冬季五輪決定を実現させた。

長男在鎔は91年入社後、米留学などを経て専務となり、現在はサムスン電子の社長兼COOだ。サムスン電子の現CEOはソウル大学卒で会長秘書室から順調に出世してきた、**崔志成**（**チェ・ジソン**）だが、いずれは三代目に後を継がせると言われている。健熙には二女がおり、それぞれグループ企業の経営に参画している。健熙も在鎔も米留学組であり、株式の半数は外資であるものの、**取締役会メンバーは全て今も韓国人である**。

国内の格差を助長するグローバル企業の今後は？

李健熙会長は10年、「今後10年以内に現在のサムスンの代表事業や商品がなくなっている」とさらに危機論を打ち出した。**5つの成長事業分野**（**太陽電池、自動車電池、LED、バイオ製薬、医療機器**）**も打ち出した**。追い上げてくる中国にはTCLやハイアールの家電企業が、台湾にはOEM事業でアップルのスマートフォンを受注生産するテリー・ゴウの率いる**鴻海精密工業**（**中国ではフォックスコンの名前**）がある。貪欲な「キャッチアップ」を得意とするサムスンだが、それを生前のジョブズが「**コピーキャット**（**模倣品**）」として警戒したところだ。サムスンはアップルに部品を納入している関係にあるが、同時に知的所有権侵害で双方が訴訟合戦となっていた。今年夏に米ではサムスンが敗訴している。

半導体ではインテルに次ぐ世界2位だが、ただし、その素材は日本の信越化学などに依存している。サムスンは「部品内製」に弱みを抱えるわけだ。そのため、サムスンが輸出を増やせば増やすほど、日本の対韓貿易黒字が増えるとも揶揄されているのも事実。ソニーをテレビ事業で追撃できたのはソニーの現経営陣がハワード・ストリンガー会長らの前経営陣に迎合して「メディア志向」に走ったという「オウンゴール」による所も大きい。

サムスン電子に限らず、**韓国では少数の寡占大企業が韓国内で巨額の利益を上げ、その国内での利益を投資に回して、海外に展開する。これは中小企業が裾野まで広がる日本型経営とは大きく異なる。**だが、日本のメーカーがあくまで独自のものづくりにこだわる一方で、サムスンはマーティングによって世界各国の現地ニーズに対応するというのは強みだ。中国、ベトナムにもメモリーや携帯工場を稼働させ、トルコ、カザフスタンなど新興国にも目を向け、グローバル化の勢いはやまない。

サムスンは世界的には「尊敬される企業」だが、国内で格差社会の元凶として批判される。いずれ後を継ぐことになる、三代目の李在鎔（イ・ジェヨン）はこのジレンマを乗り越えられるだろうか？　ＦＴＡやＴＰＰの交渉を抱える日本にとっても無視できない企業で当分あり続けるだろう。

資料：日経ビジネス・オンラインの記事の他『韓国財閥解体』佐桑徹著（B&Tブックス）など

タタ財閥

2011年末に、インドを代表する財閥であるタタ・サンズはひとつの重大な発表を行った。2012年の終わりに引退するラタン・タタ現会長の後継者に一族以外のサイラス・ミストリを選ぶ事を前提にした副会長人事を発表したのである。143年に及ぶ「インドの近代化」を体現するタタ財閥で創業一族以外がトップに付くのはこれが2人目となる。

【本社】インド、マハラシュトラ州ムンバイ、ボンベイハウス
【設立年】1868年
【従業員数】42万4365人
【上場】持ち株会社は非上場／タタ・スチール：国立証券取引所（NSE：TATASTEEL）、ムンバイ証券取引所（MSE:TATASTL）
【経営陣】ラタン・N・タタ会長、サイラス・ミストリ副会長
【主要部門】材料、エンジニアリング、IT通信，エネルギー，サービス、消費財、化学
【主要グループ会社】タタ・スチール、タタ・モーターズ、TCS、タタ・パワー、インディアン・ホテルズ、タタ・グローバル・ビバレッジズ
【URL】http://www.tata.com/

アヘン貿易から始まるインド屈指のコングロマリット

インド経済に詳しい須貝信一氏（ネクスト・マーケット・リサーチ代表）によるとインド商人は出身部族と地域で分類できるという。タタ一族（グジャラート語で「短気」の意）はこのうち**パルシー商人**に属し、西部の大都市ムンバイ周辺を拠点とする。（ダッカ、カルカッタのようなベンガル地区は英国東インド会社領）**パルシーとは「ペルシア」の意であり、ペルシア地方から迫害を逃れてきたゾロアスター教徒である。**タタ家はその司祭階

級だったようだ。タタ財閥の創業は公式には1868年（明治維新の年）である。**ジャムセトジー・ナッセンルワンジー・タタ**（1904年没）が初代だ。彼の父親は他のパルシー商人と一緒に中国への麻薬・アヘン貿易を手がけた。大英帝国の属国であったインド経済は英国・インド・中国の三角貿易（アヘン貿易）で資本の蓄積を行い、それを活用して、英国商人と協力し綿紡績工業を立ち上げることから始まった。タタは、英軍に対する納入業者としても活動し頭角を著した。

同74年には「中央インド紡績紡織」を設立、英国人技師を「お雇い外国人」として起用するなど植民地の立場をうまく利用した。1902年には2008年のイスラム武装派によるムンバイテロで占拠・襲撃された、「**タジ・マハル・ホテル**」（英国人向けの「鹿鳴館」としても利用された）を中核とするホテル事業も開始し、「不動産王」になる。アヘン貿易でパートナーだったスファラディ系ユダヤ商人の**サッスーン一族**とも関係を深め、香港だけではなくインドでも顧客の関係にあった。

1907年には「**タタ製鉄**」を開業。技術教育のための研究所も11年に設立するなど産業基盤構築にも先頭を切る。この頃から「反英気運」も強まり、タタ製鉄はその愛国的な流れを受けてインド国内のマハラジャから多額の資金を集めたという。タタはその後の第一次世界大戦でも鉄鋼の納入業者としてインド植民地政府から重用され、特需の恩恵を受けた。戦時中に持ち株会社（経営代理会社）の**タタ・サンズ**を設立し本格的な財閥化を達成している。

経営陣に目を向ければ、1904年に初代は死去、二代目は長男のドーラブ・タタであった。大恐慌中の32年に死去。三代目には一族と縁戚関係（初代の姪の夫）にあった一族外の、**ナオロジー・サクラトワラ**を起用し乗り切った。四代目も姻族の別のタタ家から**ジャハンギール・ラタンジ・ダダバイ・タタ**（**JRDタタ**）を迎えている。四代目の父ラタンジ・ダダバイ・タタは香港などアジア部門を担当、二代目を支えた。本家の次男のラタンは社会奉仕活動に専念、初期のインド国民会議派を含めた社会運動を支援したが、ロンドンでの貴族生活に憧れたようで、1916年にナイトの称号も得ている。閨閥の複雑さはさながら「インドのロスチャイルド」を思わせる。

1932年には四代目のJRDタタがタタ航空（戦後53年に国有化され「エアインディア」に）を設立、航空郵便事業に乗り出しているが、戦時には軍用機にも進出しようとしたが結局は達成出来なかった。しかし、タタ化学、**タタ・インダストリーズ**、**タタ・モーターズ**（自動車。前身は機関車製造）と戦後の産業基盤を戦時中に作ったことは事実であ

タタ財閥家系図

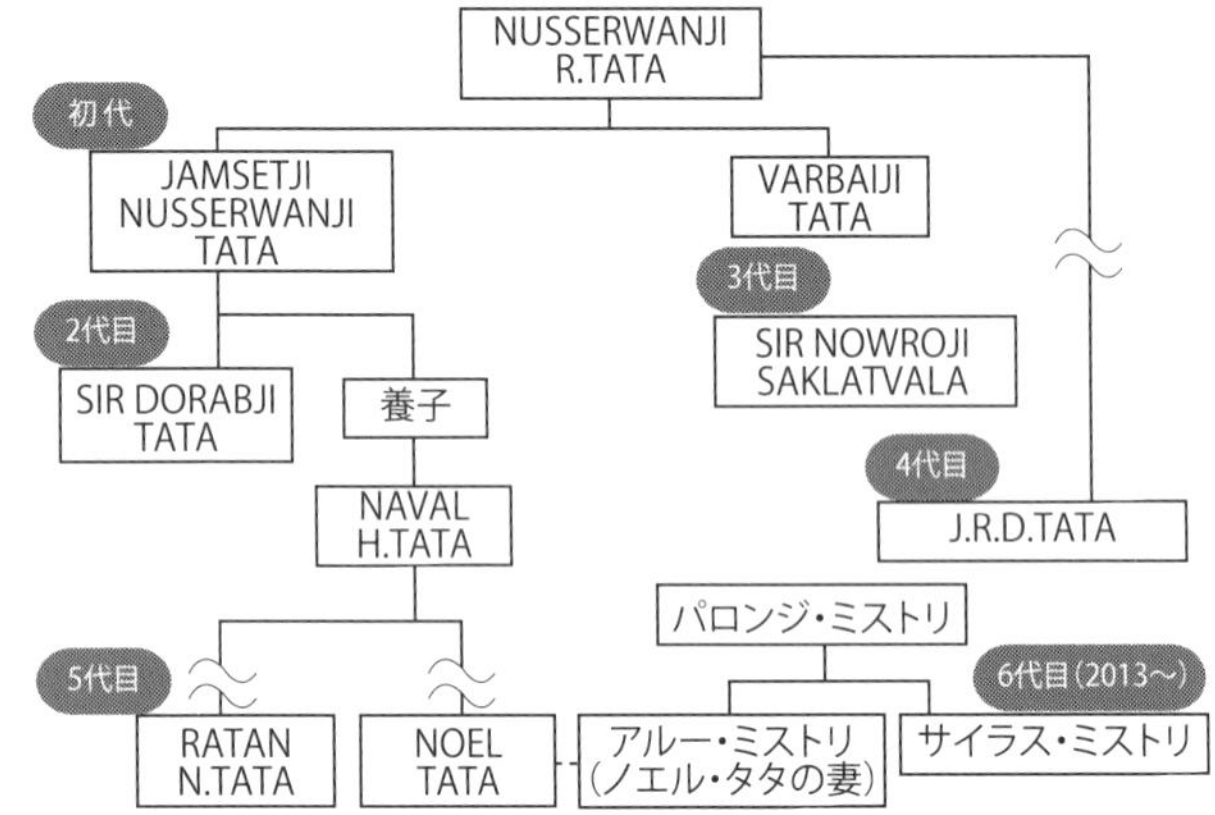

る。

問題は戦後であった。インドの産業化は冷戦構造の中でいびつなものとなった。**インド特有の「社会主義混合経済」（コーポラティズム）が影を落とす。主要産業を国有化し、インド官僚が許認可を握ることで財閥を統制下に置いた。しかし、国営企業は経営はタタ財閥などの財閥幹部に依存せざるを得ない。**タタやビルラといった主要財閥は「政・官・業」の癒着関係を結ぶが、それも限界に達し、官の統制に対する財閥の不満は1970年代にネルー一族である国民会議派のインディラ・ガンディー政権時に政府がソ連と接近したことで一層高まりを見せた。

ただ、タタ財閥は国有化という流れの中で

62年には輸出商社である「タタ輸出」、飲料・製茶部門（タタ・フィンレイ）、68年には現在の中核部門の一つとなった**IT部門の「タタ・コンサルタンシィ・サービシズ」（TCS）**、89年には「タタ・エレクシー」を設立し、新規事業の開拓を行ったことは特筆に値する。

自動車、飲料など各部分の買収によりグローバル化

冷戦後はインドも大幅な規制緩和を打ち出し、公営企業民営化を推進する。タタ財閥も通信部門（96年）に進出した。91年からの民営化を指揮したのが現在のインド首相のマンモハン・シン（当時は財務相）である。同年にはタタ財閥も**五代目のラタン・ナヴァル・タタ現会長**（初代の二男の養子の息子）に代替わりしている。米国コーネル大学卒業で、81年からすでにラタンはタタ・インダストリーズの会長となっており、引継ぎ期間は十分だった。

この時期、英ジャーディン・マセソンとの出資関係を一時構築したラタンだが、2000年代になると本格的に「グローバル企業」への道を歩んでいる。04年には自動車部門とTCSが相次いでNY上場を果たしている。89年創業の新興**ミッタル製鉄**が06年に欧州のアルセロールを買収したことから危機感を抱いたタタは英蘭系のコーラスを買収。

レバレッジを利かせた買収ビジネスに乗り出し、08年には英国の高級車メーカー「**ジャガー・ランド・ローバー**」（**JLR**）を米フォードから買収。この時期にはNTTドコモとも通信部門で提携している。**格安自動車「タタ・ナノ」**を売りだすとお披露目したのも08年のことである。近年はタタの飲料部門がペプシと提携したり、コーヒー部門が原料供給でスターバックスと戦略提携を結ぶなどの消費文化にも影響を与えている。半分は慈善事業となっている浄水器（タタ・スワッチ）などもある。

タタがグローバル化したのは、やはりラタン現会長の人脈が大きい。コーネル大学以外に**ハーヴァード・ビジネススクール**（**HBS**）の同窓生であることからグローバル・パワーエリートの仲間入りをしたラタンは**JPモルガン・チェース国際諮問委員会**の他、米有力コンサル会社の**ブーズ・アレン・ハミルトン**、三菱商事、ロールス・ロイスの国際顧問を務める他、インド首相の産業政策顧問、インド準備銀行の理事、アルコアやフィアットなどの取締役会メンバーである。ラタンの後継者にはペプシコCEOのインド人の**インドラ・ヌーイ**が取りざたされたこともあるが、それもこの人脈ゆえである。タタ一族の財産は一族財団が管理するのでラタンはフォーブスの富豪リストには名前が載らないが、2011年版ではインド9位の富豪に次期会長となる**サイラス・ミストリ**の父親（彼の娘がラタンの異母弟ノエル・タタと結婚）の**パロンジ・ミストリ**が76億ドルでランク入りしている。ミストリ一族はタタと同じくパルシーでは150年近い歴史を持つインドの大手ゼネコン「シャプールジ・パロンジ」の創業一族である。パロンジ一の族は今もタタの大株主でもあり、「ボンベイハウス（タタ本社屋）の亡霊」と言われるが、**要するにタタ財閥の「影の支配者」であったわけだ**。インドの主要銀行の本社社屋はこのミストリ一族のゼネコンが建設している。

インドではいまだ電力不足でしょっちゅう大規模停電が起こる。また、同時にいまだ全土に根強い共産主義《マオイスト》勢力が近代化を阻んでいるという特有の事情がある。昨年、タタ・ナノの製造工場が地元の反対で場所を変えざるを得なかったこともあり、インド投資へのリスクの1つである。また、地政学的にもパキスタンとの国境紛争を抱えるが、これは近年緩和の傾向にある。08年には一族に縁の深い「タジ・マハル・ホテル」がイスラム過激派の襲撃を受けたことはラタンの心を痛めた。インドを起点に中東・中国と展開し、英国では自動車、米国ではＩＴコンサルでＩＢＭやＨＰなどのグローバル企業を追撃するタタ財閥の今後は世界経済にとっても重要な要素の1つとなるだろう。

主要なインド財閥

（フォーブス・インド富豪上位５社）リライアンス・インダストリーズ、ミッタル・スチール、ウィプロ、エッサール・グループ、JSWスチール。

トルコ4大財閥 コチ サバンジュ ドアン ドウシュ

欧州と中東・アジアが一つに交わるのがトルコの金融都市、イスタンブールだ。中東でアラブの春の民主化運動の嵐が吹き荒れる中、トルコは安定して経済成長を続け、国際社会でも発言力増やしている。そんな中で全く知られていないのがトルコの有力財閥の存在だ。イスラム共和国であるトルコの主要な4大財閥の経営陣は中東大混乱の後の世界を見すえている。

コチ財閥（KOÇ HOLDING）
【設立年】 1926年
【上場】 イスタンブール証取（MKB：KCHOL）
【経営陣】 ムスタファ・コチ（会長）
【URL】 http://www.koc.com.tr/

サバンジュ財閥（Sabancı Holding）
【設立年】 1926年
【上場】 MKB: SAHOL
【経営陣】 ギュラー・サバンジュ（会長）
【URL】 http://www.sabanci.com.tr/

ドゥシュ財閥（Doğan Holding）
【設立年】 1951年
【上場】 非上場
【経営陣】 フェリト・シャヘンク（会長）
【URL】 http://www.dogusgrubu.com.tr/

ドゥアン財閥（Doğan Holding）
【設立年】 1980年
【上場】 イスタンブール証取（MKB：DOHOL）
【経営陣】 アルズハン・ドアン・ヤルチュンダー（会長）アイディン・ドウアン（創業者）
【URL】 http://www.doganholding.com.tr/

トルコ最大の財閥、コチ

トルコは首都である内陸部（アナトリア地方）の**アンカラ**と、ボスポラス海峡に面した欧州に近い金融経済都市の**イスタンブール**が２大都市だ。現在の与党であるＡＫＰ（公正発展党）のレジェップ・タイイップ・エルドアン首相はアナトリア地方の財界を基盤に置く。一方のトルコ財界は**TÜSIAD（トルコ経団連）**を頂点に結合している。輸出増の多くをＥＵ向け輸出に依存（輸出関税はゼロ）、長年ＥＵへの加盟を祈願してきた関係から欧米支配層との結びつきも強い。同時に親欧米派のTÜSIAD主流派はイスラム教徒ではあるが世俗的で、エルドアン政権が進めるイスラム化の動きには反対している。トルコ政界はAKPと、世俗派の野党・共和人民党（CHP）、それを支援する財界、軍部（トルコはNATOには当初から加盟していた）の均衡関係の中にある。

財界研究の基本はその国の財界団体の幹部企業を調べることから始まる。そこで前述の経団連の会長を見ると現在の会長（プレジデント）はボイネルというグループの社長であるウミット・ボイネルという女若社長である。顧問委員会もありこちらには、コチ・グループの**ムスタファ・コチ**会長がいる。過去の経団連の名誉会長名簿を調べると、初代と四代目がヴェビ・コチ（71年）、**ラウミ・コチ**（90年）、三代目が**サキプ・サバンジュ**（87年）、会長名簿にも**オメル・サバンジュ**（04年）の名前があり特定の一族が支配していると分かる。また、トルコと仏財界の交流団体である「**ボスポラス研究所**」には、上記のボイネルやコチのカウンターパートとして、仏保険アクサの**アンリ・ドゥ・キャストリ**会長（現ビルダーバーグ会議議長）、エネルギー企業GDFスエズの**ジェラール・メストラレ**会長が委員会メンバーとして顔を合わせる。

一方、米雑誌「フォーブス」の「世界企業2000」2010年版を一瞥すると、ガランティ銀行（274位）、コチ・ホールディングス（321位）、アクバンク（343位）、サバンジュ・グループ（414位）、ドアン（1872位）のグループが見つかる。ジェトロの調査では一般に**4大財閥といわれるのは、コチ、サバンジュ、ドアン、ドウシュ**である。ガランティはドウシュ、アクバンクはサバンジュの傘下企業である。

その中で重要なのはコチとサバンジュの2大財閥であろう。ムスタファ・コチは前出の米欧系財界人の秘密会合であるビルダーバーグの常連であるが、サバンジュ系のアクバンクのスーザン・サバンジュも最近は同会合に良く姿を見せる。

その中でも米欧財界人ときわめて強固な繋がりを持っているのがコチ財閥である。初代のヴェビは行商人を初めてしばらく後に**米ロックフェラー財閥のスタンダード石油の代理店やフォード自動車の代理店**を始めた。フォードとの提携は自動車部門のフォード・オトサンの形で今も続いている。またコチ財閥の前当首であるラウミは、ニューヨーク社交界にも浸透しており、**デイヴィッド・ロックフェラーがオーナーであるニューヨーク近代美術館にあやかってトルコに自分の名前を冠した美術館を開館している**。

現在のコチの取締役会にはラウミとムスタファの他数名の一族が名前を連ねるほか、元チェース・マンハッタンの取締役のジョン・マッカーサー、元シティ会長のサンディ・ワ

トルコのGDP推移（1980〜2011年）

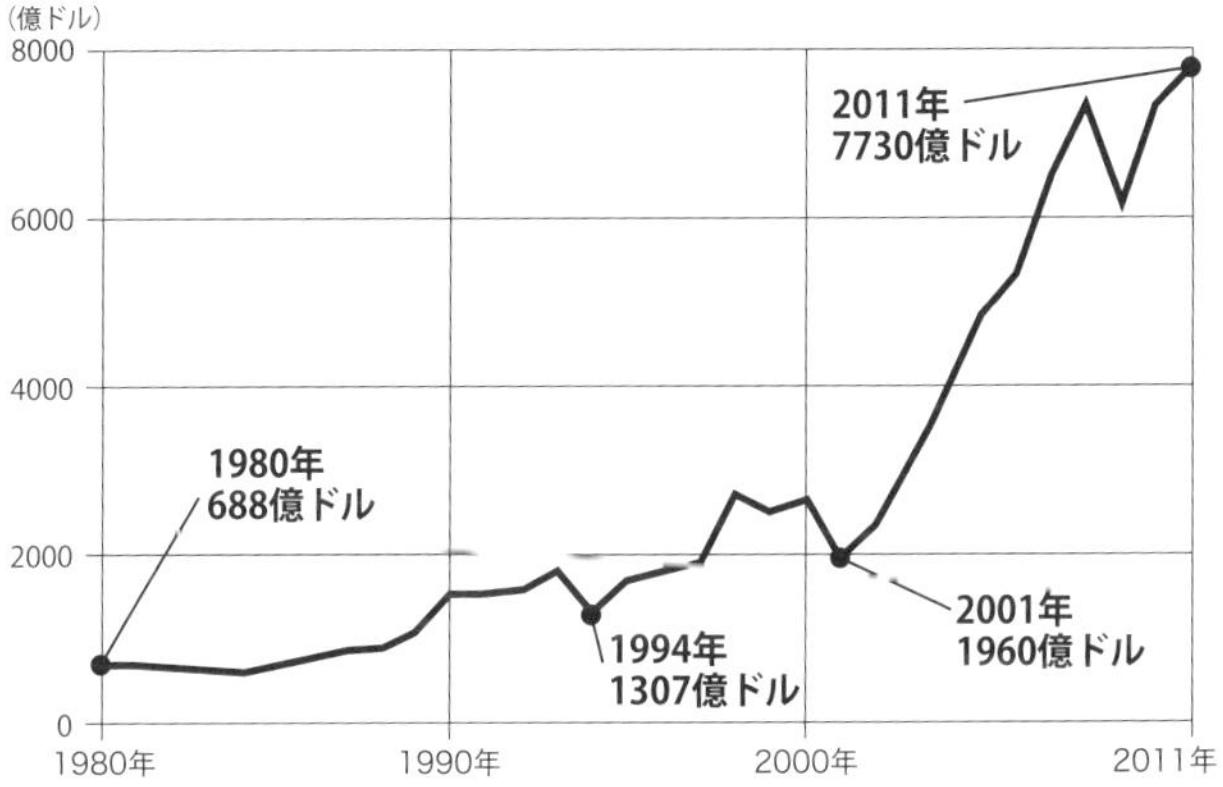

出典：世界銀行

イル、前ＢＰ会長のピーター・サザランド、シーメンス前会長のハインリッヒ・フォン・ピーラーなどが居り、欧米との関係の深さをアピールしている。同家はさしずめ「**トルコのロックフェラー**」と言ったところだ。また、近年はコチは金融部門で大きな動きを見せた。コチ銀行はもともと米アメリカン・エキスプレスの現地支社が母体になっていたが、06年には更に同国有数のヤピ・クレディを買収。これにイタリアのウニクレディト銀行と折半出資をしている。自動車部門ではフォードの他、イタリアのフィアットとも提携している。フィアット会長とコチ会長はビルダーバーグのメンバーである。

トルコの大国化戦略に深く結びつく各財閥

コチと並ぶ双璧といえるのが、サバンジュ財閥である。コチ同様、金融、エネルギー、ITに進出するほか、タバコ、保険、繊維にも手を広げる。トルコ東南部のアダナ出身の初代**オメル・サバンジュ**は若い頃、綿花農園の労働者から身を起こし、やがて綿花工場を取得、植物油などの事業を経て、48年にアクバンクを設立しイスタンブールを拠点とする金融業に進出していく。

2代目のサキプ他、初代は6人の子どもを残したが、現グループ会長の**ギュラー・サバンジュ**は初代の長男の娘、**アクバンク**会長の**スーザン**は5男のエロールの娘にあたる。サバンジュは80年代にグローバル化を本格化させ外国の企業と提携を深める。米デュポンや日本のブリヂストン、ドイツのドレスナー銀行とも提携した。90年代にはタバコ・チーズ事業でフィリップモリスやクラフトと、乳製品事業で仏ダノンとも提携している。ホテル部門ではヒルトンとも提携している。**近年の動きで重要なのは07年にアクバンクの株式の20%を米シティグループが取得したことだ。元シティCEOのサンディ・ワイルは今はコチ取締役だけに面白い関係である。**

その他の財閥としてはドアン（ドガンとも）やドウシュ（ドガスとも）が挙げられる。ドアンは日刊紙『ヒュリエット』や『ミリエット』などを発行する巨大メディアグループを中核とする複合財閥。**アイドゥン・ドアン**前会長の娘が**アルズハン・ドアン・ヤルチュンダー**である。ヤルチュンダーは07年から今年の1月までTÜSİAD会長でもあった。ヤルチュンダーは父に代わってグループの総帥を09年から務めるがその理由は、エルドアン政権への批判報道が原因と見られる前会長への脱税などを理由にした国策捜査にあるようだ。ヤルチュンダーはかつてNHK番組（「沸騰都市」08年）のインタビューにも答え、エルドアン現政権のイスラム主義傾向を厳しく批判していた。EUと中東に挟まれたトルコでは欧米財界人とイスラム主義者の中で〝板挟み〟になるのがトルコ財界人なのである。

一方、ドウシュはトルコ最大の金融グループの**ガランティ・バンク**を傘下に置く財閥だ。同グループも建設、金融、自動車など多角経営だが、フォーブスの企業ランキング国内首位のガランティが重要である。創業者は**アイハン・シャヘンク**であり息子のフェリト・シャヘンク（ビルダーバーグのメンバー）は同誌の世界富豪ランキングの常連。ボストン大学留学経験もある親米派だ。ガランティは05年に米GEの金融部門に株式の一部を売却しており米財界とも関係を深めている。

米ＣＩＡの出身者で作る「ストラットフォー」のジョージ・フリードマン所長は21世紀はトルコは地域大国になると予言した。この点、エルドアン政権の独自外交はその説を裏付けているように見える。

今後、もっとも重要な点はエルドアン政権が打ち出したトルコの大国化戦略と、ブラジルやロシアなどとの連携路線（多極化戦略）にトルコ財界がどのように反応するかである。短期的にはイランやシリアとイスラエルの関係の緊張問題。これに周辺国であるトルコの安全保障政策もそれに対応しなければならない。ＥＵ加盟を目標にＮＡＴＯ加盟、欧米財界と寄り添ってきたＴÜＳＩＡＤはその意味で岐路に立たされているとも言える。

［著者略歴］

中田安彦（なかた・やすひこ）

1976年、新潟県生まれ。早稲田大学社会科学部卒業。大手新聞社に一時勤務後、副島国家戦略研究所（SNSI）にて研究員として活動。アメリカの政治思想のほか、合理的選択論に基づく日米分析と国家戦略について研究している。『ジャパン・ハンドラーズ』（日本文芸社）、『日本再占領』（成甲書房）、『世界を動かす人脈』（講談社現代新書）、『アメリカを支配するパワーエリート解体新書』（PHP研究所）、『ヨーロッパ超富豪権力者図鑑』（日本文芸社）など。訳書に『プロパガンダ［新版］』（エドワード・バーネイズ著、成甲書房）がある。

日本人が知らなくてはならない
世界で暗闘する超グローバル企業36社の秘密

2012年10月1日　　1刷発行

著　者　中田安彦
発行者　唐津 隆
発行所　株式会社ビジネス社
〒162-0805　東京都新宿区矢来町114番地 神楽坂高橋ビル5F
電話　03(5227)1602　FAX　03(5227)1603
http://www.business-sha.co.jp

〈印刷・製本〉中央精版印刷株式会社
〈装丁〉中村　聡　〈本文DTP〉エムアンドケイ
〈編集担当〉岩谷健一　〈営業担当〉山口健志

ISBN978-4-8284-1679-3